巴比伦富翁

简七 注解　[美] 乔治·克拉森（George Clason） 著　寒星 译

新解

THE RICHEST MAN IN BABYLON

中信出版集团 · 北京

图书在版编目（CIP）数据

巴比伦富翁新解 /（美）乔治·克拉森著；寒星译；简七注解 .-- 北京：中信出版社，2018.8（2024.11重印）

书名原文：The Richest Man in Babylon

ISBN 978-7-5086-8936-4

I. ①巴… II. ①乔… ②寒… ③简… III . ①投资－基本知识 IV . ① F830.59

中国版本图书馆 CIP 数据核字（2018）第 095695 号

巴比伦富翁新解

著　　者：[美] 乔治·克拉森

译　　者：寒　星

注 解 者：简　七

出版发行：中信出版集团股份有限公司

（北京市朝阳区东三环北路 27 号嘉铭中心　　邮编　100020）

承 印 者：北京盛通印刷股份有限公司

开　　本：880mm×1230mm　1/32　　印　　张：9　　字　　数：143 千字

版　　次：2018 年 8 月第 1 版　　印　　次：2024 年 11 月第 2 次印刷

广告经营许可证：京朝工商广字第 8087 号

书　　号：ISBN 978-7-5086-8936-4

定　　价：49.00 元

序言

这并不是虚构的传说，而是真实存在的事例，这里有几千年前非常富有的人传授给你的财富智慧。

巴比伦的财富智慧

古巴比伦，一个充满神秘色彩的国度，与中国同列四大文明古国，它拥有人类历史上的多项先进文明。

但它更令人瞩目的标签是曾经的“世界首富之都”。

这曾被世人以为是传说，但随着对古巴比伦高潮迭起的考古发现，它的财富秘密也一点点被揭开。

英国的一位考古学教授，在古巴比伦遗址找到了 398 块保存完整且写满楔形文字的泥板。这些文字经翻译后被公诸于世，人们发现，这些泥板上的文字系统地记载了古巴比伦的财富累积过程。

世人这才惊叹——古巴比伦的财富，原来是真实存在过的。

1926年，美国著名的理财大师、商人、作家乔治·克拉森（George Clason），以古巴比伦为背景，将出土的泥板上记载的当时最有钱的人——阿卡德（Arkad）的财富秘密，以寓言体的方式表述出来，集结成《巴比伦富翁》（*The Richest Man in Babylon*），这本书很快成为数百万人耳熟能详的著作。

长久以来，这本书已经成为现代励志故事中的经典之作，不计其数的读者已经从中获得帮助。在所有以节俭、理财计划和个人财富为主题的励志著作中，这本书被公认为非常伟大的一本。

但稍显遗憾的是，这本书虽已被翻译、再版了许多次，但至今市面上未有一本书能从大众视角出发为大家讲述财富故事，以至于这本书带给读者的价值并没有完全被展示出来，几千年来非常有价值的财富智慧一直被低估。

此次我带领简七理财团队一起对这本经典之作进行解读，就是希望用你能看懂、容易理解的语言，把这些财富智慧分享给你，让几千年前古巴比伦人财富积累的奥秘帮助你在现代生活中实现财务自由。

为什么我们需要巴比伦古老的财富智慧？

为什么我会希望向你分享这几千年前的财富智慧呢？

我们每个人一生中都绕不开与钱打交道，有的人让自己与金钱做了朋友，于是他们早早地实现了财务自由，人生不再被钱困住、为钱而焦虑。

但这部分人，只有很少数。

大部分人，一生都在与金钱赛跑，用尽全力，却还是难以超越，金钱成为他们做很多重要决定的阻碍，失衡永远是金钱与生活这段关系的主题。

所以大部分人，一生中都活成了金钱的奴隶。

那么如何能让自己摆脱金钱的束缚，拥有不为钱而焦虑的自由人生呢？在做简七理财的几年中，我找到了答案——做自己的财务收纳师。

这几年有一种职业非常流行，叫整理收纳师。他们的工作看起来很简单，只是教你如何把房间归置整齐，把乱糟糟的衣橱收拾得分类明确，总之，通过整理让一切看起来井井有条。

可是需要整理的只有我们的房间与衣橱吗？

当我们觉得自己为钱焦虑时，其实我们的财务也需要被整理。

看到被胡乱插满信用卡的钱包，你会焦虑；要用钱时却发现自己的钱散落在各个账户里，你会焦虑；每到月底收到一堆连自己都看不懂的账单，你会焦虑……

这种感觉，与面对一间无从下脚的房间与一个无从下手的衣橱时内心的无奈，有什么区别呢？

回顾自己从月光的理财“小白”到实现财务自由的整个过程，我发现，成为自己的财务收纳师是我走到现在的最大改变。

为什么简七想要为你解读？

我是财会专业出身，虽然工作中接触的都是跟金钱有关的数字，但极少能联系到自己的生活，也很少花一点时间思考，除了收入，我的工作可以为我的生活带来些什么。

慢慢地，当收入的增长追不上需求的增长时，我成了终日为钱发愁的人。

值得庆幸的是，一次机会，我得到一位前辈的赠书——《巴比伦富翁》。原以为它只是一本简单的故事书，没想到我竟然浑然忘我地翻阅了很多遍。十分有趣的是，当我开始实践书中阿卡德所分享的整理财务的方法时，我像在擦拭一面蒙尘的镜子，把我从小到大接受的关于金钱的错误理念和做法都擦拭干净，我忍不住惊呼：原来钱是这样积累下来的！

这本书开启了我的理财之路，而且让我能够在接下来的几年内，可以从事自己最喜欢的工作，不被钱所困，活出最真实的自己，现在的我，已经基本实现了财务自由。

这几年来，我依然会不断翻阅这本书，每一次都会有不同的感受。与拥有各种各样烦恼的用户接触多了，我越发觉得，其实大部分理财“小白”想要知道的关于钱的奥秘，这本书都给出了答案。

这次，带着这些年我对它层层深入的理解，带着我实践的感受，我将为你重新解读这本经典著作，沉睡千年的财富智慧会再次苏醒，引领你走上财务自由之路。

简七

目录

第一章
巴比伦简史

简七导读

一说到巴比伦，大部分人会想到那是一个文明古国。美国学者威尔·杜兰特（Will Durant）曾说：“巴比伦文明，本质上是商业文明。”

面对这样的评价，你也许会疑惑，商业文明难道不是现代社会的文明吗？我们今天追寻的经商之道、致富之路，竟然在巴比伦时代就已显锋芒？历经千百年，巴比伦时代的财富智慧又会给我们带来多少启迪和帮助呢？

翻开历史长卷，恐怕没有几座城市的名字会如巴比伦那样熠熠生辉、引人注目，这个名字本身就象征着财富与繁华。它拥有的黄金与珠宝多到令人难以置信。人们会自然地认为，这样一座富饶的城市必定坐落于得天独厚之地，如四周森林环绕、矿藏丰富。然而事实并非如此，它坐落于幼发拉底河河畔一条平坦而贫瘠的河谷中，那里没有森林，没有矿藏，甚至都没有可以用来建造房屋的石头，那里也不适合作为商业要道，而且每年的降雨量也不足以维持农作物的生长。

巴比伦城是人类利用各种方式来实现宏伟目标的一个光辉典范。维持这个城市运转的所有资源都是人们自己开发的，而它的所有财富也都是人们创造的，没有什么是自然界的恩赐。

巴比伦只拥有两样自然资源，肥沃的土地和滔滔的河水。巴比伦的工程师们完成了在当时乃至后世最伟大的工程，他们用大坝和巨大的灌溉水渠使河水改道，通过这些渠道，生命之水得以穿越贫瘠的河谷，去灌溉那肥沃的土地。这一灌溉系统前所未有，光耀千古，它每年为巴比伦带来的粮食丰收举世罕见。

幸运的是，虽然在漫长的岁月里，巴比伦一直被许多位国王统治，但他们很少对外发动征服或者掠夺的战争。它所卷入的战争通常是为了保卫自己不受外敌的侵扰，而这些敌人通常来自觊觎巴比伦巨额财富的其他城邦。巴比伦那些杰出的统治者，凭借自己的智慧、勤勉、公正而名垂青史。巴比伦没有那种不可一世、妄图把全世界置于其版图之下的独裁者。

作为一座城市，巴比伦已经消失在历史长河中，当那些建造了它并维持了它几千年的人退出历史舞台之后，它也很快淹没于漫漫黄沙之中。它处于亚洲境内，在波斯湾以北，距苏伊士运河约 600 千米，它位于北纬 30°，纬度和气候均与美国亚利桑那州的尤马市相仿，炎热且干旱少雨。

如今，那曾经有着诸多繁华景象与富饶土地的幼发拉底河谷，再次变成狂风肆虐的荒芜之所。稀稀落落的荒草和灌木在风沙中艰难维生。肥沃的土地、繁华的城市，以及那满载货物的长长商队，都已经成为过往。仅存下来的，是阿拉伯的游牧民族，他们依靠对为数不多的牧群放牧而艰难为生。这种情况，从公元前后就已经开始了。

河谷边上散布着一些山丘，几个世纪以来，它们一直被旅行者忽略。偶然的暴风雨冲刷出的陶器与砖块的碎片使它们引起了考古学家的兴趣。受欧洲和美国博物馆资助的远征队被派往该处进行发掘。发掘工作很快就证明这里曾经是古代城市群，或者确切地说是城市墓群。

巴比伦正是其中之一，2 000 年来，它始终为风沙所掩盖。当年组成城墙的砖块，已经在漫长的岁月中重归尘土。这就是巴比伦，一座富庶的城市，而如今，只留下一堆尘土。它被荒弃了如此之久，以至于没有哪个活着的人听说过它的名字。直到那些街道以及神庙与宫殿的残墙断垣被一点点发掘出来之后，这座城市的历史才逐渐被大家熟知。

科学家们认为，居住在巴比伦以及河谷中其他城市的居民是历史记载的最古老的人类居民。大量数据显示，这一记录可以追溯到8 000年前。有趣的是，通过发掘巴比伦城所得到的记录，科学家们又可以确定很多历史上的日期。在对巴比伦进行发掘时，人们发现了关于日食的记载，而天文学家通过推算在巴比伦观测到的日食发生日期，可以找到巴比伦历法和今天历法之间的联系。

通过这种方式我们可以证明，早在8 000年前，居住在巴比伦地区的苏美尔人，就已经生活在被城墙围起的城市中了。还有一个可以推断出的结论是：在很多个世纪之前，这些城市就已经存在了。这些城市居民并不是居住在保护墙内的野蛮人，他们是受过教育、思想开明的人。自有文字记录开始，他们就是最早的工程师、天文学家、数学家、经济学家，以及最早用文字进行记录的人。

前面提到了把干涸的河谷变为种植沃土的灌溉系统，尽管它已经被黄沙阻塞掩埋，但依稀可以辨认出其遗迹。其中有些水渠是如此宽大，以至于在无水的情况下，可以容纳几十匹马在其中并驾齐驱，其规模足以与当今闻名世界的科罗拉多运河及犹他州运河相媲美。

除了灌溉系统之外，巴比伦的工程师们还完成了另一项同样伟大的工程。他们设计了精巧的排水系统，从而改造了幼发拉底河与底格里斯河出海口附近大片的沼泽，使之成为可耕种的良田。

古希腊伟大的旅行家与历史学家希罗多德（Herodotus），在巴比伦鼎盛时期访问过那里，并给我们留下了外部世界对巴比伦的唯一记录。他生动形象地描绘了那座城市以及它的居民不寻常的风俗习惯，记录了那里土地的肥沃以及小麦与谷物的高产。这些都给人留下了深刻的印象。

巴比伦的辉煌已经成为历史，但它的智慧却留泽至今，这要归功于巴比伦人的记事方式。很久之前，当纸还没有被发明出来时，巴比伦人把文字刻录在软泥制成的泥板上，等写完以后，再把泥板烤干，使其变硬。这样的泥板通常宽 15 厘米，长 20 厘米，厚约 2.5 厘米。

巴比伦人所称的泥板，其用途和我们今天的纸张类似，泥板上面记录了传奇故事、诗歌、历史、皇家法令、土地契约、财产证明、誓言，以及那些委托旅行者带往远方城市的信件。通过这些泥板，我们可以了解当时人们的公共事务与私人生活。例如，我们从一个乡村店主的泥板上可以清楚地看到：某一天，有位顾客牵来 1 头牛，换走了 7 袋小麦，其中 3 袋顾客当场带走了，另外 4 袋留待以后再取。

这些泥板被安全地埋在巴比伦城的废墟中，考古学家复原了它们，获得了丰富的资料。

巴比伦的一大奇迹就是环绕整座城市的巨大城墙，人们把这些城墙与古埃及金字塔一起归为“世界七大奇迹”。传说中，塞米勒米斯（Semiramis）女王在巴比伦建城之初下令修建了最早的城墙，现代学者已经无法找到最早那些城墙的遗迹，也无法确定它们的高度。根据古人的记录，城墙有 15~18 米高，外墙由烧砖砌成，城墙外由深深的护城河所环绕。

后来更加有名的城墙大约在公元前 600 年由国王那波勃来萨（Nabopolassar）下令修建，他计划重建这一宏大工程，但没能亲眼看到它完工。这个工程留给了他的儿子尼布甲尼撒（Nebuchadnezzar）去完成，人们在谈及巴比伦历史时，会常常遇到这个名字。

这道城墙的高度和长度都令人难以置信。据权威人士说：这道城墙高约 49 米，相当于现代的 15 层建筑高；长度则在 15 千米 ~18 千米；城墙的宽度足以让 6 匹马拉的战车在上面打转。如此宏伟的建筑，到今天只剩下一部分残留的城墙基石。除去自然侵蚀带来的损坏，阿拉伯人还从城墙上取走砖块去修建其他建筑，最终这一宏伟的建筑消失在历史中。

巴比伦的城墙抵御过几乎来自各个时代与各个地方的入侵者，许多国家的统治者试图征服巴比伦，但最终无功而返。当时的入侵军队规模不容小觑，据历史学家考证，大约有 10 000 个骑兵、25 000 辆战车，另外还有 1 200 个千人团。通常情况下，为这样一支军队准备配给就需要两三年的时间，此外还要在行军路线沿途设立粮仓。

巴比伦城的布局构造和现代都市类似，城中有街道和商铺，小商贩则在居民区沿街兜售货物，祭司在宏伟的神庙中处理各种神圣的事务。城市中还有被高墙环绕的王宫，据说王宫的墙的高度甚至超过了城墙。

巴比伦人精通各种技艺，包括雕塑、绘画、编织、制作黄金饰品及打造金属兵器与农具等。当时的珠宝匠制作了许多精美的珠宝工艺品。在有钱人的墓中，学者们发现了大量的这类物品，如今它们大多陈列于世界知名的博物馆中。

在人类文明的早期，当世界其他地区的人们还在用石斧砍伐树木、用石矛和石弩进行捕猎和战斗的时候，巴比伦人就已经开始使用金属制成的斧头、长矛、弓箭了。

巴比伦人精于财务和贸易，据称，他们最早发明了钱币来作为物品交换媒介，并且用文字记录契约与财产权的归属。

在约公元前540年，巴比伦才被外族攻陷。当时，敌人未能攻破巴比伦的城墙。巴比伦的沦陷极不寻常。居鲁士（Cyrus），那个时代最伟大的征服者，打算袭击巴比伦城，攻克那固若金汤的城墙。巴比伦国王拿波尼度（Nabonidus）的谋士们，劝说国王背城出战，而非在城内坚守。在接下来的战斗中，巴比伦战败，其军队四下逃散，就这样，居鲁士的军队进入了城门大开的巴比伦，兵不血刃地将整个城市洗劫一空。

从那以后，巴比伦开始衰落，在几百年的时间里，它被完全废弃，曾经的荣耀与繁华都消失于荒漠风沙之中。此后的岁月里，虽然巴比伦未能再造昔日的荣耀，但它所创造的文明影响深远，泽被至今。

巴比伦那宏伟的神庙与高墙都已在漫长的岁月中归于尘土，但巴比伦的智慧永存于世。

大多数人认为，金钱是衡量尘世成功的标准。

财富能使人享受到尘世非常多的乐趣。

对于深谙财富法则的人而言，他们永远富有。

穿越 6 000 年前巴比伦那熙熙攘攘的街道，它的财富法则在今天依旧发挥着神奇的力量。

改变小行动

准备一个小本子，开始摘录本书中的智慧点滴吧！

第二章
渴望金子的人

简七导读

一个普通人究竟是如何开始变得富有的？

几千年前，造车匠班瑟（Bansir）和乐师库比（Kobbi）的一场讨论和一个决定，给了我们一个很好的启示……

巴比伦的造车匠班瑟坐在自家房顶天台的椅子上，情绪十分低落。他悲伤地看着他那简陋的家和露天工坊，工坊里还立着一辆未完成的战车。

他的妻子不时从门边悄悄地瞟过来，怯怯的目光提醒着他家里已经快断粮了。他应该捶捶打打、抛光喷漆，把外层皮革沿着轮子边缘拉直，赶紧把战车做完交货，好能从他富有的顾客那里收取货款。

但他那壮硕的身躯仍然迟疑地坐在天台上，缓慢而耐心地思考一个令他困惑的问题。幼发拉底河谷地带独有的炽热阳光无情地炙烤着他，大滴的汗水顺着他的眉头淌下来，悄无声息地汇入他那热带丛林一般浓密的胸毛里。

从班瑟家向远处望去，耸立着的是王宫的雄伟外墙，旁边是粉刷过的贝尔神庙高塔。他简陋的家，连同其他更简陋不堪又年久失修的房子，就处在这宏伟建筑的阴影下。巴比伦就是这样，富丽堂皇里混杂着破烂不堪，炫目的富有和刺眼的贫穷拥挤在一起，这个城市看不出任何系统或规划。

如果班瑟转身留意他的身后，就会发现富人们的马车旁边挤满了穿着凉鞋的小贩和赤脚的乞丐。为了给一长队背水的奴隶让路，哪怕是这些有钱人也被挤到了旁边的排水沟里。队伍里的奴隶们每人扛着一个沉重的装满水的羊皮袋，他们是“国王陛下的御差”，正在运送灌溉空中花园需要的水。

班瑟仍然沉浸在思考中，并没有留意这个繁忙的城市里正在上演的喧嚣。直到一阵出人意料但十分熟悉的七弦琴弹奏声传来，他才从沉思中回过神来。班瑟转身看到了他最好的朋友——乐师库比——那张笑脸。

“愿上帝保佑你富足，我的好朋友，”库比随之行了一个夸张的礼，“看起来他已经慷慨地让你不再辛苦劳作。我为你的好运感到高兴，我更愿意和你一起分享。看你没有在忙碌，想必你的钱包一定鼓鼓的，我能不能从你那里借 2 个微薄的锡克尔，等今晚贵族的宴会结束就还，绝不拖欠。”

“如果我真的有 2 个锡克尔，”班瑟沮丧地答道，“我谁也不会借，哪怕是你——我最好的朋友，因为那将是我所有的财产。没有人会把自己所有的财产借出去，即使是借给最好的朋友。”

锡克尔是古巴比伦及希伯来民族的货币，1 锡克尔约 1/2 盎司。

“什么？”库比发自内心地惊呼道，“你钱包里连 1 个锡克尔都没有，你居然还像一尊雕像一样坐在天台上！为什么不把战车做完？不然你靠什么来填饱肚子？这不像你，我的朋友。你那无穷无尽的热情去哪里了？发生了什么让你愁苦的事情了吗？上帝带给你什么麻烦了吗？”

“这一定是上帝给我的折磨，”班瑟附和道，“这一切是从一个梦开始的，一个毫无意义的梦。我梦到我是一个富有的人，腰间挂着一个漂亮的钱包，里面装满了沉甸甸的钱币。我随意地把里面的锡克尔丢给乞丐，用里面的银子为我的妻子买华丽的衣服和所有我想要的东西，我随意地花，因为里面装的黄金让我对未来感到放心。我心里充满了美好的满足感！你不会认出来这是你疲于生计的朋友，你也认不出我的妻子，她的脸光洁得没有皱纹，洋溢着幸福的微笑，她又变回了我们刚结婚时的那个爱笑的少女。"

"这真是一个美梦，"库比评论道，"但为什么这么美好的感觉会让你成为一尊坐在天台上的忧郁雕像呢？"

"为什么？当然！因为当我醒过来，我想起自己的钱包空空如也，一股被背叛的感觉席卷全身。我们一起来聊聊这件事吧。就像士兵们常说的那样，我们俩是同一条船上的战友。从小我们就一起从牧师那里学习（人生）道理，年轻的时候我们同甘共苦，成年之后我们也是彼此的好朋友。我们在同辈中一直活得心满意足，习惯了长时间的工作和随意花掉挣来的钱。我们曾经赚了那么多钱，却从没有感受到拥有财富的快乐，我们应该去追求财富。呸！我们比一群傻羊好不到哪里去！我们住在世界上最富有的城市里，游客们都说巴比伦的富有世间无可匹敌。这里有那么多值得炫耀的财富，我们却连一个子儿也没有。我们劳碌了大半辈子，你，我最好的朋友，居然对我说，‘我能不能借 2 个微薄的锡克尔，等过了今晚贵族的晚宴就还给你？’然后我回答道，‘这是我的钱包，我很高兴能帮你这个忙？’我能这么说吗？不，我不得不承认我的钱包和你的一样空无一物。这是怎么回事？为什么我们没法赚到远远超过买食物和衣服所需要的金钱呢？”

“再想想我们的儿子们，”班瑟继续说道，“他们以后会不会像他们的父亲一样？哪怕身处无穷的财富之间，他们和他们的家人恐怕都要像我们一样，满足于吃发酸的羊奶和粥！”

“班瑟，我们认识这么多年，你从来没有用今天这样的口气说话，”库比有些困惑，“从来没有过。”

“这么多年来我从没有这样想过。我每天起早贪黑地想要造出最好的战车，一厢情愿地盼着上帝有一天会发现我的善行并赐我财富。可是，从来没有。最后，我意识到他未来也不会这样做。所以我心里很难过。我希望成为一个有钱人，拥有自己的土地和牲畜，穿着考究的衣服，口袋里装满了钱。我愿意为这些东西付出我所有的力气和手艺，用尽我的智慧，只希望我的付出能有公平的回报。我们到底是怎么回事？我再问你！为什么我们不能公平地享有那些美好的事物，而那些有钱人能想买多少就买多少？”

一起思考：财富的价值是什么？

我一直认为，改变都是从观念开始的。你是否思考过财富对于你的意义呢？

我想和你分享一个大师的答案。

走到人生的某一个阶段时，我决心要成为一个富有之人。这并不是因为爱钱，而是为了追求那种独立自主的感觉。我喜欢能够自由地说出自己的想法，而不受到他人意志的左右。

——查理·芒格（Charlie Munger）

美国著名投资人

“股神”巴菲特（Warren Buffett）的黄金搭档

“我要是知道就好了！”库比答道，“我不比你好到哪儿去。

弹琴赚的钱总是很快就花光了。我费尽心思才能维持家人的温饱。而且我多么希望能拥有一把足够大的七弦琴，这样我就可以真正弹奏出那些萦绕在我脑海里的音乐了。要是真有这样一把琴，我可以弹奏出连国王都没有听过的美妙音乐。”

“你应该有这样一把琴。在巴比伦没有人能比你弹奏得更动听了。你的琴声那样美，不仅是国王，连上帝听到都会高兴。但是你我都穷得像国王的奴隶一样，又怎么买得起这样一把琴？听，钟声响了！他们来了。”班瑟指向一长队半裸的汗流浃背的背水奴隶，他们吃力地背着水沿着狭窄的小路从河边走来，5 个人并肩行进，每个人都被沉重的羊皮水袋压弯了腰。

“领队的那个人看起来很健硕，”库比指着队首一个背着铃的没有其他负重的男人，“显然，他在自己的国家是个出类拔萃的人。”

“队伍里有很多像我们一样身形健壮的人，”班瑟附和道，“他们中有从北方来的金发高个子，有正在笑的南方黑人，还有邻国的小个子棕皮肤男人，都从河边一起排着队向花园走去，来来回回，日复一日，年复一年。没有什么指望，每天睡在稻草上，吃着发酸的粗粮粥。这些奴隶真可怜，库比！”

当时的巴比伦聚集了各个国家的人，可见其国际化程度相当高。

“他们的确很可怜，不过你的话让我觉得我们也好不到哪儿去，尽管我们称自己是自由人。”

“的确如此，库比，尽管这样想让人很不舒服。我们并不想年复一年像奴隶一样活着，工作！工作！工作！可生活并没有什么好转。”

“我们能不能搞清楚别人是怎么变富有的，然后照做？”库比问道。

“也许我们可以从精通此道的人那里学到秘诀。”班瑟若有所思地答道。

“今天是非同寻常的一天，”库比说道，“我来的时候碰到了我们的老朋友——阿卡德，他正乘着他的金色马车经过。他不像其他有钱人那样理所当然地藐视我，反而朝我挥了挥手，周围的人都看到他屈尊向我这个乐师打招呼，还露出了善意的微笑。”

“他是公认的巴比伦最富有的人。”班瑟沉思道。

“他太富有了，国王在财政事务上都要请教他。”库比答道。

“太有钱了，”班瑟打断了他，“我想今晚就去见他，从他鼓囊囊的钱包中分一杯羹。”

“胡说，”库比责备道，“一个人的财富不在于他的钱包里有多少钱，而在于他是否有持续的收入，因为如果没有持续的收入，再鼓的钱包也很快会干瘪的。阿卡德有持续的收入以保证他的钱包一直是满的，不管他多么随心所欲地花钱。”

一起思考：如何拥有持续的财富？

想拥有持续的财富流入，除了每月的工资薪金之外，我们还需要拥有一种叫作“投资性资产”的东西。通过投资赚取收益，即使我们不工作，也会有持续的财富流入，使我们的财富增长。

“对，收入，这就是答案，”班瑟失声叫道，“我希望有一个稳定的收入可以流入我的钱包，无论我是坐在天台上还是去远方旅行。阿卡德一定知道一个人怎么才能赚到收入。你觉得他能把这些方法教给像我这样迟钝的人吗？”

“依我看，他的确教给了他的儿子诺玛瑟（Nomasir），”库比回应道，“他不是去了尼尼微吗，据客栈里的传言，他没有接受任何他父亲的资助，就成了那里最富有的人之一。”

“你给了我一个很好的启发，库比，”班瑟的眼里闪着光，“向一个好友寻求睿智的建议并不需要成本，况且阿卡德一直都是我们的好朋友。别再在意我们的钱包依旧空荡荡了。我们也别犹豫了。我受够了在富有的城市中一无所有的日子，我想变成有钱人。来吧，我们一起去阿卡德那儿问问，我们怎么才能为自己赚钱。”

一起思考：如何拥有富人思维？

人人都想变成有钱人，可是为什么大多数人都没有成功呢？

很多人认为，自己没有变富有的主要原因是钱太少。可我们也会发现这样的情况：

1. 不少有钱人并没有太高的起点，有些人甚至是白手起家的；
2. 收入水平差不多的人，财务状况也会有很大的区别。

财富的破局点，更多的是思维上的变化：

1. 摆脱现有资源的束缚，重新定义你的目标；
2. 注重长期回报；
3. 把钱当作手段，而不是目的。

库比激动地说道："你的话对我很有启发，班瑟，你带给我全新的思考角度。你让我意识到为什么我们从来没有找到致富秘诀。因为我们从来没有追求过财富！你一直在追求造出巴比伦最好的战车，为这个目标付出了所有的努力，所以在这点上你成功了。我一直想要成为一个高超的七弦琴演奏者，我也做到了这一点。

一起思考：试试增加你的“财富亲密度”

你所关注的事情往往最有可能出现在你的生活中，变得富有也是一样，我们越积极地关注和追求财富，就越能增加我们变得富有的概率。我们可以用“财富亲密度”这个概念来衡量我们和财富的亲近程度。

所谓的富人思维，其实就是那些能提高我们“财富亲密度”的思维方式。

那么钱喜欢什么样的人呢？按照“财富亲密度”的概念，钱自然是喜欢那些关注和喜欢它们的人。大家可能觉得不可思议，谁不想变得富有，但是我们的潜意识未必这么觉得。就像我们都爱自己的父母，但容易对他们发火一样，我们嘴上说喜欢和渴望财富，但很有可能当机会来临时，关上门的是我们自己。

“在这些我们付出所有精力的地方，我们都成功了，众神们乐于让我们继续这样。现在我们至少看到了一线曙光，像初升的太阳那样炫目。它告诉我们只要学得更多，我们也会更富有。有了这个新的认识，我们一定可以找到实现愿望的体面的方法的。”

“我们今天就去找阿卡德吧，”班瑟催促道，“顺便叫上那些像我们一样穷困的儿时同伴们，让我们一起分享阿卡德的智慧箴言。”

“你永远这么关心朋友，班瑟，所以你才会有这么多朋友。你说得对，我们今天就叫上他们一起去。”库比答道。

改变小行动

1. 约你身边高财商的朋友聊一聊，问问他 / 她对于金钱的看法，并收集 5 条以上让他 / 她不断获得收益的习惯。
2. 你为什么希望拥有更多金钱？请写下 5 条具体的目标。

★ 关注微信公众号“简七读财”，回复“古巴比伦”获得特制目标卡，加速实现你的目标。

第三章 巴比伦最富有的人

简七导读

可能你的第一桶金来源于你的第一份工作，也可能来源于某次意外的奖励，但你是否好奇别人的第一桶金是如何得到的？你是否渴望自己也拥有第一桶金？

本章中，巴比伦最富有的人将告诉你他是怎样走向财务自由之路的。你也可以从他的故事中窥得第一桶金的奥秘。

古巴比伦曾有一位非常富有的人，名叫阿卡德，他因为富有和慷慨远近闻名。他乐善好施，对待家人十分大方，自己也随心所欲地花钱。但每年他的收入都会超过支出，因此他的财富始终以惊人的速度增长着。

时不时有一些早年的朋友来拜访他，并说道：“阿卡德，你可比我们幸运得多。你是巴比伦最有钱的人，可我们还在为生存苦苦挣扎。你可以穿最好的衣服，享受美味的食物，而我们仅仅为能让家人穿上稍显体面的衣服、不忍饥挨饿就很满足了。

“我们曾经是一样的。我们跟着同一个导师学习，做一样的游戏，无论是学习还是游戏你表现得都不比我们好上多少，之后的许多年，你也和我们一样平凡，没有什么特别的荣耀。

“你也不比我们更努力或者更虔诚，这都是我们看得出来的。为什么命运会选中你，让你享受生活中的诸多美好，而忽略我们这些同样有资格的人呢？”

阿卡德当即提出异议，他说道：“如果你们至今都还在挣扎度日的话，一定是因为你们没有学会如何积累财富，或者你们压根儿没有仔细观察过财富是如何积累的。

“‘命运’是一个险恶而善变的女神，一个人从不会长久地得到她的垂青，相反，她会给那些轻易获得金钱的人带来厄运。她使一些人肆意挥霍，很快就把家产败光，徒留他们再也无法满足的欲望。还有一些她曾经青睐的人也许变成守财奴，囤积财富，因为他们知道自己没有能力继续赚钱，所以不敢花掉一个子儿，他们还会担心遭到抢劫，因此纵容自己在空虚和隐秘的痛苦中度过一生。

“还有一些人，他们能利用天降横财增加财富，做一个幸福而满足的人，但这类人太少了，我只听说过，还从没见过。你们自己想想那些忽然间继承了大笔遗产的人，看看他们是不是很可能肆意挥霍或变成守财奴。”

他的朋友们点头称是，那些继承了巨额财富的人的命运确实大多如阿卡德所说。朋友们求阿卡德告诉他们如何拥有越来越多的财富，阿卡德继续说道：

“年轻时，我观察周围一切可以带来幸福感和满足感的事物，我意识到，如果拥有财富，就更有可能拥有这一切。

“财富有强大的力量，有了钱很多事情都变得有可能。

“我们可以用最豪华的饰品装饰家居。

“我们可以扬帆出海去远方。

“我们可以品尝各地的美食。

“我们可以从黄金或宝石手艺人那里买到精美的饰品。

“甚至，我们还可以为神祇建造雄伟的庙宇。

“一个有钱人可以得到上述这一切，以及其他让人感到心情愉悦和灵魂满足的事物。

“当我意识到这一切时，我决心要享有这些美好的事物。

我绝不愿意做那个远远站在一旁、满怀嫉妒地看别人享乐的人，我不会满足于穿着看上去体面的廉价衣服，也不会安于一个穷人的命运。相反，我要使自己享有生活中这美好的一切。

“如你们所知，我是一个小商人的儿子，生活在一个大家族里，没有继承家业的指望，我生来没有强大的力量也不聪慧，但我明白，如果我想过上渴望的生活，就需要时间学习。

“说到时间，每个人都不缺。你们每个人，都有足够的时间来让自己变得富有，但你们让时间白白流逝。你们也承认，除了家庭之外没什么值得骄傲的成就。

一起思考：复利的魔力

复利被爱因斯坦称为“第八大奇迹”。复利究竟有多神奇？简七想先给你讲个故事。

M君与G君都定投基金，M君比G君晚开始了8年，但在复利的作用下，M君就要追赶G君一辈子了。

G君20岁开始就每个月投资500元买基金，假设平均年收益率为10%，他投资8年就不再扣款，然后让本金和利润一路增长。到60岁退休的时候，本利和已达154万元。M君28岁开始投资，同样每个月投资500元，10%的年收益率，他整整花了32年持续扣款，到60岁才累计139万元！

复利有多神奇，你感受到了吗？

想知道复利究竟是如何计算的吗？

★ 欢迎关注微信公众号“简七读财”，在后台回复“古巴比伦”，查看详细的复利计算教程。

不过，复利的力量来自哪里呢？跟简七一起来看看决定复利的要素吧。

决定复利的要素有3个：本金、收益率和时间，其中最神奇的就是时间，能让本金实现几何倍数的增长（当然，积累本金和提高收益率同样非常重要，之后我们会介绍）。同时，时间又是最公平的，人人都能把握。所以，你早开始的一小步，折射到未来就是惊人的一大步。G 君与 M 君分别定投基金时资金量的变化如下图所示。

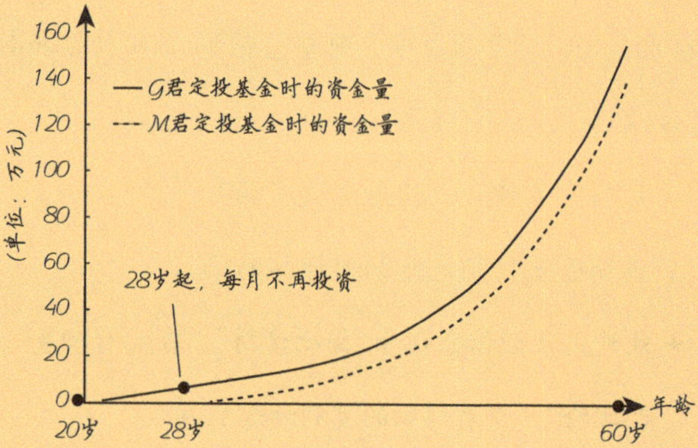

“至于学习，难道我们睿智的老师没有教给我们学习有两种：一种是学习我们已知的东西，另一种则是发现我们未知的事物？

“所以我下定决心要弄清楚如何积累财富，并把找到这一方法当作我毕生的使命。毕竟当我们离世之后将会有无穷无尽的痛苦，那么现在就更应该好好享受明媚阳光下的生活。

“我在档案厅找到了一份刻录员的工作，每天长时间地在那些泥板上工作。日复一日，年复一年，我始终没能存下什么钱。吃穿用度，还有一些我都记不清的琐事花光了我所赚的钱，但我的决心仍在。

“有一天，借贷商人阿尔伽美什（Algamish）来到档案厅里要订制一份《九戒》（*Ninth Law*），他对我说：‘我两天内就需要这份文件，如果你能按时做好，我就给你 2 枚铜币。’

“我努力去刻，但那些戒律实在太长了，等阿尔伽美什回来时还没有刻完。他非常生气，我想如果我是他的奴隶，他一定会当场打我的。但我知道市政厅的长官不会让他伤害我，所以我一点也不害怕，我对他说：‘阿尔伽美什，你是位非常富有的人，如果你告诉我怎么样才能像你一样富有，我可以为你整夜刻录这本书，等到明天太阳升起时就能完成。’

“他笑着对我说：‘你真是个直接的小无赖，不过我们一言为定。’

“整个晚上我都在奋力地刻录，最后我的眼睛几乎什么也看不到了，我的背非常酸痛，灯芯的味道也让我头昏脑涨。但当他第二天清晨来的时候，我刻完了。

“‘现在，’我说，‘告诉我你答应的东西吧。’

“‘孩子，你已经完成了我们的约定，’他和蔼地对我说，‘我也会兑现我的承诺。你想知道的一切我都会告诉你。我上了年纪就会忍不住喋喋不休，想把多年的智慧传授给来寻求意见的年轻人。只是多数时候年轻人总以为我所说的都是些过时的东西，并没有太大用处。但你要记得，太阳底下无新事，这轮太阳曾经照耀着你父辈的出生，也会一直照耀下去，直到你的孙辈也落入漆黑的冥府。’

“‘年轻人的想法，’他继续说，‘如同划过夜空的流星，足以照亮苍穹，而长者的智慧，如同恒星的光芒，可以为夜航的水手指引方向。’

“‘你要认真记住我说的每一句话，否则如果漏掉其中的真理，你会觉得你的通宵工作是一种浪费。’

“他用闪着睿智的光的眼神看向我，用低沉而有力的声音说道：‘当我意识到我赚的钱中有一部分应该归我所有的时候，我就发现了通往财富的道路。你也会一样。’

“说完，他看了我一眼，我感到那目光洞穿了我的内心，不过他没有再说话。

“‘就这些？’我问。

“‘这足以使一个贫穷的牧羊人变成一个富有的借贷商人。’他答道。

“‘难道我赚的钱不都是我的吗？’我不解地问。

“‘当然不是，’他答道，‘难道你不用付钱给做衣服的裁缝和制草鞋的人吗？你吃的东西不花钱吗？你能不花一分钱在巴比伦生活吗？你上个月挣的钱都到哪儿去了？去年挣的钱呢？傻瓜！你付钱给所有人唯独不给自己。笨蛋！你一直在为别人劳作，像一个奴隶一样，为了主人给的吃穿而工作。如果你只存下赚的钱的 1/10，那么算算你 10 年间能存下多少钱？’

“‘这点算术我还能做，’我答道，‘和我一年赚的一样多。’

“‘你只说对了一半，’他反驳道，‘你存下来的每一枚铜币都会变成为你工作的奴隶，通过它们赚来的钱也都可以为你服务，为你赚更多的钱。如果你想变得富有，就必须让你的积蓄为你赚钱，用赚来的钱继续赚更多的钱，这样你才能慢慢得到你渴求的财富。’

“‘也许你会认为我在用谎话骗你彻夜劳动，’他继续说道，‘但如果你的智慧足以使你理解我说的话，你就能得到千百倍的回报。’

“‘你赚的钱有一部分应该是留给自己的，并且留下来越多越好。不管你的收入有多微薄，你也应该至少存下其中的1/10。先支付给自己，剩下的钱则根据实际情况去支付日常开销，此外还要留出接济穷人和供奉神祇的钱。’

一起思考：一个让大多数人获得第一桶金的方法

2015 年，我们曾对身边毕业 2~3 年的朋友做过一次小调查，发现许多人年收入超过 10 万元，但有超过 50% 的人存款不足 5 万元。

2016 年，我们再次做了小调查，发现 80% 的被调查对象存下人生第一个 10 万元的方式都是储蓄。

2017 年，简七理财一位用户的话让我印象深刻——总有一天你会感谢曾经存了一点儿钱的你。

没错，真相就是这么平淡无奇。

大部分人的第一桶金都不带什么传奇色彩，而是日积月累攒下来的。

第一桶金虽然不多，但至少有这样几个价值：

1. 有一些“傍身”的钱，让我们可以不再窘迫；

2. 有更多选择的资本，比如换工作的时候有缓冲期；

3. 能够购买带来更多“欣喜感”的事物；

4. 收获良好的储蓄和消费习惯；

5. 可以投资，获得被动收入，开始“躺着赚钱”。

合理地储蓄有另外一个名字：支付给“未来的自己”。

“‘财富就像大树一样，始于一颗不起眼的种子。你存下来的第一枚铜币就是你财富之树生长的开始。你越早种下这颗种子，这棵树就会成长得越快；你越虔诚地持续用积蓄灌溉滋养你的财富之树，你就越早在财富之树下满足地乘凉。’

“说完这些，他就带着他的泥板走了。

“我翻来覆去地想他说的这些话，觉得有些道理，所以我决定试一试。每次拿到工钱时，我就从 10 枚铜币中拿出 1 枚存起来。奇怪的是，我并没有觉得生活比以前拮据。当习惯存钱之后，我几乎感觉不到生活有任何变化。但随着我的积蓄开始增长，当我看到那些用骆驼和船从腓尼基运来的好东西时，我常常想花钱去买。所幸我都明智地克制住了自己内心的欲望。

“距离上次谈话一年后，阿尔伽美什回来了。他问我：‘孩子，过去一年里，你有没有把至少 1/10 的收入留给自己？’

“我骄傲地答道：‘是的，阁下。我做到了！’

“‘非常好，’他微笑地看着我，‘那你都拿它们做什么啦？’

“‘我把钱给了烧砖人阿兹木尔（Azmur），他说他要出海去泰尔（古腓尼基海港），他会为我买来稀有的腓尼基珠宝。等他回来，我们就可以高价出售这些珠宝，然后一起分成。’

“‘虽说蠢人都会长见识，’他吼道，‘但你为什么会相信一个烧砖人有对珠宝的鉴赏能力呢？你会去面包烘焙师那里问有关星座的事吗？只要稍微动点脑子，你就会知道问星座有关的事该去占星师那里。你的积蓄都没有了，年轻人，你连根拔起了你的财富之树。无论如何，再种一棵吧。再试一次。以后如果你有关于珠宝的任何问题，记得去问珠宝商人；如果你想了解羊，就去问牧民。意见谁都能给，但你要留心听取那些有价值的意见。一个人听取外行人的意见来处置自己的积蓄，代价只能是落得一无所有，买个教训。’说完这些，他就走了。

一起思考：投资最重要的事——不懂不投法则

阿尔伽美什给阿卡德的第二条财富法则是：向内行人咨询或寻求投资忠告。意见谁都能给，但是要留心听取那些有价值的。

现在学习的方法有很多，本质上是掌握背后的原理，查阅资料、求教前辈都能让你有所收获。不懂不投，弄懂再投，可以让你避免遭遇骗局和失误。

宁可错过，不要过错。投资前，务必了解每个理财产品的“三围”：

1. 风险：钱被用来投资什么样的产品？风险高吗？有什么风险控制措施？
2. 收益：预期的投资收益率有多高？所宣传的投资方向，真的可能达到这样的投资收益率吗？
3. 流动性：产品何时到期？收回资金有什么限制？

“他说的都是对的。那些无赖的腓尼基人卖给阿兹木尔的都是一些看起来像珠宝的不值钱的玻璃。我重新开始存下每一笔收入的 1/10，正如阿尔伽美什曾教给我的那样。因为已经养成了习惯，这件事做起来毫不费力。

“一年后阿尔伽美什又回来了，他向我打招呼，问道：‘从上次到现在你有什么进展？’

“‘我继续坚持为自己存钱，’我答道，‘而且我把钱借给造盾牌的工匠阿加尔（Agger）去买青铜，每 4 个月他都会付我一次利息。’

“‘干得不错。那你是怎么处理那些利息的呢？’

“‘我用好酒、蜂蜜和糕点美美地款待了自己一顿，还给自己买了一条猩红色的长袍，说不定哪天我还会给自己买一头小毛驴当坐骑。’听了这些，阿尔伽美什大笑起来，‘你把积蓄生下的钱都用掉了，那你怎么能指望它们为你赚钱呢？它们又怎么可能再生出更多的钱为你所用呢？你首先得有一支金钱大军为你工作，然后你才可以放心地享用它们带给你的佳肴。’说完这些他就走了。

一起思考：财务自由法则——重视被动收入

我们的收入可以划分为主动收入（工资、奖金、兼职收入）与被动收入（除工资、奖金、兼职收入之外的收入）。被动收入是指你不需要付出劳动就能得到的钱，比如把钱存在银行得到的利息、出租房屋得到的租金等。

让钱生的钱、躺着也能赚的钱，叫作被动收入。

在本书的第二章，班瑟曾说：“我希望有一个稳定的收入可以流入我的钱包，无论我是坐在天台上还是去远方旅行。”班瑟虽然有高超的制造战车的手艺，但是没有被动收入。

如果我们没有任何被动收入，那么离财务自由就非常远。冤枉钱花多了，我们往往只有主动收入来维持生活，也就是说，一旦不工作，我们的生活就会陷入困境。

要想过上躺着就能数钱的日子，我们就需要

增加被动收入。如果有一天，我们的投资资产能产生足够的收益，完全满足各类支出，我们就能真正实现财富自由了。

财富自由度＝投资净收益／总支出

当你的这个比例达到100%时，那么恭喜你，你就真正实现了财务自由，可以不再为钱担忧了。

“从那以后，我整整两年没有见到他。等我再见到他时，他的脸上已经布满了很深的皱纹，眼睛里也不再有过去的光芒，他已经明显地衰老了。他问我：‘阿卡德，你获得你所梦想的财富了吗？’

“我回答道：‘还没有，但我已经有了一些钱，不但它们可以为我生钱，它们生出的钱也在为我生钱。’

“‘你还向烧砖人征求意见吗？’

“‘在烧砖方面，他还是可以给我好建议的。’我回答说。

"'阿卡德,'他继续说,'你学得非常好,首先你学会了不花光所有的钱。接下来,你学会了向那些通过自己切身经验而获得智慧的人寻求建议。最后,你学会了如何让钱为你工作。'

"'你已经教会了自己如何获得金钱、如何留住金钱,以及如何利用金钱。如今,你有足够的能力去承担一些重要的职责了。我老了,我的儿子们只想着花钱,却从不去想如何赚钱,我的生意太大了,我担心我没有精力把它们全部打理好。如果你愿意来尼普尔帮我打理生意,我让你做我的合伙人并且分享我的财富。'

"于是,我来到尼普尔帮他打理生意。由于我雄心勃勃,并且精确地掌握了成功获得财富的3条法则,他的资产获得了惊人的增长。就这样,我获得了许多财富,当阿尔伽美什去世后,根据他的安排,我获得了一部分他的遗产。"

当阿卡德结束这个故事的时候,一位朋友说道:"你真是太幸运了,居然能够分到阿尔伽美什的遗产。"

"要说幸运的话,那只能说我在遇见他之前,就有了积累财富的愿望。4年来,我不是一直通过储蓄的方式来证明我坚定不移的决心吗?如果一个渔夫因为成年累月观察鱼群的习性,所以在风向改变的时候都可以捕到鱼，你能称之为幸运吗？幸运女神是非常高傲的，她绝不会在一个没有准备的人身上浪费时间。”

“你在失去了第一年的积蓄之后还有很强的意志力继续下去，这一点很不寻常。”另一个朋友这样说。

“强烈的意志！”阿卡德回答说，“这纯属无稽之谈，你能想象得出来单凭意志力就可以让人举起骆驼都驮不动的重担，或者拖动牛都拖不走的货物吗？强烈的意志只能确保我在实现自己的既定目标时不会退缩动摇。如果我给自己设立一个目标，那么无论这个目标多么微不足道，我都要保证完成它。否则，我怎么敢确定我可以做大事呢？如果我对自己说，在未来的 100 天里，我从城里这座桥上路过的时候，我都要从桥上捡起一块石子扔进水中，那么我就一定要做到。如果在第 7 天，我经过这座桥的时候忘了丢石子，那么我绝不会说：明天我会丢两块石子，这样也可以。不，我会原路返回，捡起一块石子丢进水里。我也不会在第 20 天，对自己说：算了吧，阿卡德，每天扔一块石子对你有什么好处呢？抓起一把石子扔进去，一切就结束了。不，我不会这样说，也不会这样做。我为自己设立了目标，就一定要做到。因此，我从不为自己设立难以实现的目标，因为我喜欢舒适的生活。”

这时候，他的另一个朋友说道：“如果你告诉我们的都是真的，那么据你所说，这一切都很容易，如果每个人都这样去做的话，周围可没那么多财富供这么多人获取。”

“哪里有努力，哪里就有财富。”阿卡德回答说，“如果一个有钱人建了一栋房子，他付出的钱就消失了吗？不，烧砖人得到了一部分，建筑工人得到了一部分，设计师也得到了一部分，所有为这栋房子出力的人都获得了其中一部分。然而，当这栋房子修建起来之后，它的价值难道不会超过它的成本吗？非但如此，它还会带动它所在的土地乃至周边的土地一起升值。财富有其增长的神奇力量，没人能看到它的极限所在。腓尼基人不就是利用他们在航海贸易中获得的财富，在贫瘠的海岸线上建立起了一座座繁华的城市吗？”

“那么你认为我们该做些什么来变得富有呢？”那位朋友又问道，“这么多年过去了，我们已经不再年轻，而且什么都没有。”

阿卡德答道：“我的建议就是学习阿尔伽美什的智慧，并且对自己说，‘我要把收入的一部分留给自己’。每天早上醒来时对自己说，中午时对自己说，晚上时对自己说，每天里的每一个小时对自己说。直到这句话深深地印在你脑海里，成为你行动的习惯为止。

“记住这个想法，让它占据你的大脑，然后考虑什么样的储蓄比例才是明智的。要确保至少为你留下收入的10%，然后再去安排其他必要的支出。但要记住，首先要把给你自己的这部分收入留下。很快你就会体验到，拥有一笔属于自己的财富的富足感。当你的财富不断增长的时候，你会受到激励，你会为生命中这一全新的乐趣而激动，你会产生更大的动力去赚更多的钱。随着你收入的增加，你存钱的比例不是也会增加吗？

“到那时，再去学习如何让你的财富为你工作，让你的钱为你赚钱，让赚来的钱为你赚钱。

“为你的将来留下一笔财富，看看那些上了年纪的人，不要忘了有一天你也会加入他们的行列。因此，要谨慎地进行投资，避免让你的财富受到损失。高利贷这类投资产品就如同塞壬（Siren）的歌声一般，虽然听起来很悦耳，但会使毫无防备的人在岩石上撞得粉身碎骨。

“为你的家人留下一笔财富，以免因哪天神祇将你召唤至他们的居所而使你的家人无所依靠。只要你固定地进行小额投资，就可以为他们准备一笔钱。因此，有远见的人会毫不犹豫地去执行这一明智的建议，从而获得一大笔保障性资金。

“向明智的人学习，向那些每天都和钱打交道的人征求意见。让他们帮你避免犯一些不必要的错误，就像我把钱投给了烧砖人阿兹木尔那样。安全的低回报要比冒险的高回报好得多。

“趁现在好好享受生活，不要过度节俭或者试图存更多的钱，如果存下收入的 1/10 之后，你还可以生活得很舒适，那就按照这个比例存吧。根据你的收入来生活，而不是让你变成吝啬鬼或者变得不敢花钱。生活是美好的，生活中有许多美好的事物值得你去享受。”

阿卡德的朋友们对他表示感谢后离开了。有些人沉默着，因为他们没有想象力，也就无法理解阿卡德所说的一切。有些人说着刻薄的话，因为他们认为，像这样的有钱人应该和那些不幸的老朋友们划清界限。但也有些人眼睛里闪耀着不一样的光芒，因为他们意识到，阿尔伽美什每次出现，是为了看一个人如何以自己的方式努力工作，从黑暗走向光明。当这个人找到光明时，就会发现有一个合适的位置在等他。他只有在工作中有所体悟，并且对可能到来的机遇做好充分准备的时候，这个位置才会出现。

最后的这部分人，在之后的几年里，频繁地拜访阿卡德，而阿卡德也很高兴地接待他们。作为一个有丰富经验的人，阿卡德无私地为他们提供建议，并且很高兴这样做。阿卡德还帮助他们用存下的钱进行高回报而且安全的投资，使他们避免遭受严重的损失。

从这些人理解了阿尔伽美什传授给阿卡德、阿卡德又传授给他们的真理的那天起，他们生命的转折点就出现了。

改变小行动

1. 约你身边高财商的朋友聊一聊，他们有什么样的致富故事，他们的第一桶金是怎么来的，又是怎么花的。
2. 整理一下，你有哪些被动收入，每年会获得多少被动收入。

第四章 让钱包充盈的7个方法

简七导读

你很难相信，几千年前就有面向普通人的理财学习班了，而且非常火爆。

古巴比伦认为参加理财学习班和身体治疗一样重要，几乎每个人都需要在理财方面进行治疗。

老师是当时最富有的人，他白手起家，总结了7条适用普通人的方法——至今依旧适用。

现在，根据阿卡德的思路，我想把这些方法一个个地介绍给你。试试看，你会在这些方法中得到什么新的感悟呢？

过去，现在，未来，巴比伦的荣光永在。它以“世界首富之都”闻名于世，穿过岁月的长河，你简直难以相信会有一个地方可以富饶如斯。

但哪个城市会是天生如此呢？巴比伦的繁荣盛况是其民众智慧之结晶，如何变得富有一直被巴比伦人当作头等大事来对待。

当初，国王萨尔贡（Sargon）打败了他的敌人——埃兰人（Elamites），当他凯旋时，却发现他面临一个棘手的问题。大臣向他禀告："这些年来，陛下大兴土木，修建沟渠以灌溉农田，修建庙宇以供奉神祇。巴比伦城被修建得宏伟壮丽，参与其中的民众也能赖以为生。可是陛下，这些建筑已经完工了，会有很多人失去工作。工人们失业了，商店里自然也就没了顾客，农民卖不出自己种的粮食，街上却多的是买不起食物的人。"

国王听了之后，质问道："可是，我们进行这么多基础建设，投入流通的金钱都去哪儿了？！"

"金钱有其道啊，陛下。"大臣说，"恐怕它们现在都已经流入城中那极少数巨富的口袋了。对于穷人来说，金钱总是如羊奶经过滤网一般，悄无声息地从他们指缝中流走了，富人却如黑洞般将金钱吸入不再流出，如今剩下的人就更没机会赚到钱了。"

国王陷入沉思。良久，他问道："为什么总是极少数的人攫取了几乎所有的财富呢？"

“他们有自己的一套方法。”大臣回答，“这些人非常擅长跟钱打交道，这并不是什么应该谴责的事情，陛下。总不能打着所谓正义的旗号，夺走富人们合法赚来的钱，再拿去接济没能力赚钱的人吧。”

“话虽如此，”国王提出了一个问题，“为什么其他人不能也学会如何积累财富，让自己富足起来呢？”

“陛下英明，您的想法自然是极好的。可谁能担负起教育民众积累财富的重任呢？显然不是牧师，他们对赚钱也知之甚少。”

“那么谁是我们巴比伦城中最懂得致富之道的人呢？”国王问。

“尊敬的陛下，您的问题本身就是答案。谁是城中拥有财富最多的人呢？”

“你说的没错，是我卓越的仆人——阿卡德，这个巴比伦最富有的人，明天早上带他来见我。”

第二天早上，正如国王所吩咐的那样，阿卡德来到了王宫。尽管他年逾古稀，但依旧精神矍铄，笔直地站在国王面前。

“阿卡德，”国王开口了，“你果真是巴比伦最富有的人吗？”

“据说是这样的，陛下，但从没有人真正去数过。”

“你是如何变得这么富有的呢？”

“我善于利用各种机会，而这些机会是我们城邦中的人们提供给我的。”

“你是白手起家的吗？”

“除了有对财富的强烈渴望之外，我开始的时候一无所有。”

“阿卡德，”国王继续说下去，“我们城邦的情况很不乐观，一些人懂得如何获取金钱，从而垄断了大多数的财富，而大多数人由于缺乏这方面的知识，与财富无缘，终日生活在贫困之中。

“我希望巴比伦能够成为世界上最富庶的城邦，为了实现这一目标，我们的城邦中应该有许许多多的有钱人。因此，需要让我们的城民精通生财之道。告诉我，阿卡德，关于获取财富，有什么秘诀可以传授给他们吗？”

“事实上，陛下，任何能被人掌握的知识都可以传授给其他人。”

国王的眼中闪烁着喜悦的光芒，说道：“阿卡德，你说的正是我希望听到的，你是否愿意投身于这一伟大的事业？你是否愿意把你的智慧传授给一批教师，等到他们掌握之后，再由他们传授给我治下的子民？”

阿卡德深深地鞠了一躬，说道：“您卑微的仆人随时等候您的命令，我很乐于把我的一切知识贡献出来，从而让我们的城民更加幸福，为陛下增添荣光。请您的大臣为我安排一个 100 人的讲堂，我将传授给他们 7 个方法，而这 7 个方法确确实实充实了我的钱包，使我成了巴比伦最富有的人。”

两周后的一个晚上，按照国王的命令，100 名被挑选出的听众聚集在知识神殿。他们环坐成一个半圆形，而阿卡德则坐在一张木几旁。木几上烟雾缭绕的圣灯散发着一种独特而又令人愉悦的气息。

当阿卡德站起来的时候，一个学员对他邻座的人低语：“这就是阿卡德，巴比伦最富有的人，但他看起来和我们也没什么不同。”

“作为国王的忠诚子民，今天我站在此处，是为我们的国王服务，”阿卡德开口了，“我曾经是一个非常渴望获得金钱的穷小子，后来我掌握了可以获得金钱的知识。因此，国王要求我把这些知识传授给你们。

“我是从一无所有的状态开始建立我的财富的，我与你们以及大多数巴比伦人一样，没有任何的优势可以利用。

“用来存放我财产的第一个金库是个还不错的钱包，由于我没有什么钱，所以它一直没派上用场。我很不喜欢它的干瘪，我希望它能鼓鼓的，里面发出金钱碰撞的叮当声。为此，我努力寻找各种能够使钱包充盈的方法，最终我找到了 7 个。

“你们奉命在此听讲，我将传授给你们这 7 个治疗钱包干瘪的方法，而这些方法正是我极力向那些渴望获得更多金钱的人推荐的。在此后的 7 天里，我每天都会向你们讲授这 7 个方法的其中之一。

“认真地听我讲给你们的知识，主动地和我进行辩论，积极地在你们中间展开讨论。通过对这些课程的学习，也许会在你们的钱包里播下财富的种子。首先，你们每个人都应该开始明智地积累属于自己的财富。只有到了那个时候，你们才能把这些知识传授给其他人。

“我将教给你们一些简单的方法来充实你们的钱包，这是通向财富神殿的第一步，在坚实地踏上第一个台阶之前，没有人可以攀越这座神殿。

“现在我们来谈一谈第一个方法。”

第一个方法：把每次收入的 1/10 存下来

“亲爱的朋友，”阿卡德对第二排一个正在沉思的人说，“你是做什么工作的？”

“我吗？”那个人回答道，“我是个刻录员，我的工作是把要记录的东西刻在泥板上。”

“这份工作我也做过，它使我赚到了第一枚铜币。所以，你有同样的机会积累财富。”

阿卡德又对坐在后面的一个气色不错的人说：“请你告诉我，你是靠什么过活的？”

“我是一个屠夫，”那个人答道，“我从农夫那里买来山羊，然后把它们杀掉，把羊肉卖给家庭主妇们，把羊皮卖给鞋匠。”

“既然你也是靠劳动为生，那么你也会和我一样获得成功。”

就这样，阿卡德一个接一个地询问在座的人都是靠什么为生的。当他结束提问之后对大家说：“我的弟子们，你们可以看到，在你们当中，有些人通过经商来赚钱，有些人通过自己的体力劳动来赚钱。而无论通过哪种方式赚到的钱，我们都会让一部分钱流进钱包，变成储蓄。因此，流进钱包的钱究竟是多还是少取决于我们的能力，不是吗？”

看见大家都表示同意，阿卡德接着说下去：“如果每个人都想积累财富的话，利用已有的财富作为财富积累的基础是不是一个很明智的方法呢？”

对此大家都表示同意。

这时，阿卡德转向一位态度谦逊的做贩卖鸡蛋生意的人，问道：“如果你每天早上把10个鸡蛋放进篮子，到了傍晚再从中取出9个。长此以往，会发生什么呢？”

“那个篮子很快就会变得满满的。”

“为什么呢？”

“因为我每天放进去的鸡蛋都比取出来的多1个。”

阿卡德微笑着转向所有的听众，问道：“你们当中谁的钱包是空空的？”

听众们起初迷惑不解，接着他们笑了起来，开始挥舞起他们的钱包。

“很好，”阿卡德继续说下去，“现在我要告诉你们我学到的使钱包充盈的第一个方法：正如我对这位鸡蛋商人所说的那样，你们每次赚到 10 枚铜币的时候，只能花掉其中的 9 枚。这样一来，你们的钱包就会鼓起来。随着你手中的钱包越来越重，你也会因此感到满足。

“不要因为我说的方法很简单就嘲笑它，世间所有的真理都是简单易行的。我将告诉你们我如何积累起自己的财富。我刚刚起步的时候，也是身无分文，我那空荡荡的钱包完全无法满足我对财富的欲望。但当我开始把收入的 1/10 存入钱包之后，它很快就鼓了起来。如果你们也像我这样做的话，你们的钱包也很快会鼓起来的。

“下面，我要告诉你们一件不可思议的事，我至今也未弄明白其中的原委。当我开始只用收入的 90% 生活的时候，我发现我依然能够过得很好，从未觉得比以前困窘。另外，随着时间的推移，我赚钱越来越容易。或许这是神祇制定的法则，当一个人的支出低于他的收入时，他会更加容易获得金钱。相反，那些总是掏空自己钱包的人很难赚到大钱。

“你们最大的愿望是什么？是得到可以满足你们日常欲望的，如珠宝、服饰、美食等很快获得又很快遗忘的事物吗？还是得到那些可以长期持有的东西，如黄金、地产、牧群、货物，以及可以带来持续收入的投资呢？花光你口袋里的钱会让你得到前者，而把钱存入口袋则会让你得到后者。

“我的弟子们，我发现的能够使我的钱包充盈的第一个方法就是：**把每次收入的 1/10 存下来**。现在你们可以自由地辩论，如果谁能证明这个方法是错误的，请在明早见面时告诉我。”

一起思考：如何让钱包充盈起来？

阿卡德说，要把每次收入的 1/10 存下来。1/10，看似并不起眼，但是长期坚持下来，就能看到意想不到的效果。

阿卡德的方法，和简七一直介绍的“10/50 懒人储蓄法则”不谋而合。升级一下，你可以试试下面两个方法：

1. 10%：将每月常规收入的 10% 存下来。

试试看，这个比例的储蓄完全不会影响你的生活质量。

2. 50%：将每次额外收入或大额奖金的 50% 存下来。

至于剩下的一半，不妨用来犒劳自己吧。就像过度节食反而可能使体重反弹得更厉害，过于严苛的储蓄也令人很难坚持。

不要小看这两步。我们曾经做过一个小范围的调查，80% 的人第一桶金都来自储蓄。

所以，想要拥有第一桶金，就从这两个简单的方法开始吧！

第二个方法：做预算，控制开支

“我的弟子们，你们之中有人问了我这样一个问题：如果一个人的所有收入都不能负担起他生活必需花费的话，他又如何能把收入的 1/10 存进钱包呢？”次日早上，阿卡德这样对他的弟子们说道。

“昨天你们有多少人的钱包是空的？”阿卡德继续问道。

“我们所有人的都是。”弟子们回答。

“你们的收入各不相同，有的人收入比别人多很多，然而你们的钱包都是空的。现在，我告诉你们一个关于全人类的不寻常的真理：除非主动地克制自己，否则我们所说的生活必需总是会倾向于和我们的收入等同。

“不要把个人欲望和生活的必需品混为一谈。你们，包括你们的家人在内，每个人的收入都无法满足自己所有的欲望。因此，即使花光全部收入也不可能满足你所有的欲望。

“每个人都有自己无法满足的欲望。你们可能会觉得我作为一个有钱人，我所有的欲望都能得到满足。那你们就错了，我的生命有限，我的精力有限，我所能游历的地方有限，我吃的东西有限，我享受到的生活乐趣也有限。

“要知道，如果农夫除草时没有把草连根拔掉，它们就会在田地里蔓延。欲望也是如此，一旦它有可能得到满足，它就会在人的内心深处迅速增长。人的欲望如此多，我们只能满足很小的一部分。

“因此，把你们想买的东西都记录在泥板上。选择那些必需的以及其他可以通过你收入的 90% 就可以负担的东西，划掉其余的东西，把它们看作你那数不清的欲望中的一部分，尽管这部分欲望得不到满足，你也不需要为此感到遗憾。

“安排好你的预算，不要动那些能使你钱包鼓起来的 1/10 的收入。让钱包鼓起来成为你最大的愿望。在努力工作的同时坚持做预算，同时不断调整预算以适应形势，让预算成为充实你钱包的第一道防线。”

这时候，一个穿着华贵的学生站起来说：“我是个自由的人，我认为享受生活中的美好是我的权利，因此我很不喜欢被预算所束缚。通过做预算来决定我应该花多少钱、应该花在什么上，那会剥夺我生活中的乐趣，让我感觉我像一头负重的驴子一样。”

“我的朋友，”阿卡德问道，“是谁来决定你的预算呢？”

“我自己来决定的。”那个人回答说。

“那么驴子在为自己的负重做预算时，会考虑珠宝、毯子及沉甸甸的金条吗？它只会考虑干草、谷物、水这些在沙漠旅行中用得到的东西。

“做预算的目的是让你的钱包鼓起来，同时让你获得自己必需的以及其他一些你能够得到的东西，还能让你在一大堆欲望中找到你最珍视的东西。预算如同黑暗洞穴中的一盏明灯，使你看得清你钱包上的漏洞，从而及时将其修补好，并且将你的花费控制在明确合理的范围之内。

“使钱包充盈的第二个方法就是：**做预算，控制开支**。在获得生活必需品、享受生活、满足一些合理的欲望的同时，把花费控制在收入的 90% 以内。”

一起思考：怎样控制自己的开支呢？

你会更愿意买“满足日常欲望”的东西，还是“可以长期持有”的东西？

阿卡德的这个问题，给了我们一个很有趣的角度：与其一直思考如何省钱，不如变得聪明地花钱。

分享两个聪明花钱的小公式，你不妨也试试看。

1. 改善生活，该花多少钱？

非必要支出 = 收入 − 每月储蓄 − 必要支出

可能你通常的做法是拿到收入先花，剩下的钱再存起来，以后这个思路不妨转换一下，先存下你收入的 10%，剩下的钱再拿去作为你的支出。

这部分钱怎么花会更有效呢？

2.“好东西”公式。

“好东西”分数 =（购买时的快乐＋享受频率 × 单次愉悦度）/ 产品价格

“好东西”公式告诉我们，我们最应该买的，是使用频率高且单次使用效果好的，而对于使用频率低、使用效果又不好的东西，是完全不值得为此消费的。

在“好东西”公式的帮助下，我们可以让自己持续买到好东西。

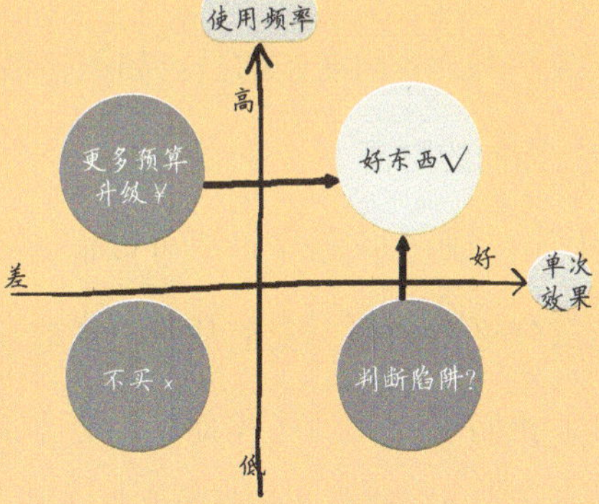

比如一把便宜的菜刀，虽然买时省钱一时

爽，可用起来费力又费时，就不如花比较多的钱买一把质量上乘的陶瓷刀，享受持续的使用快感。

只买“好东西”，可能会成为你管理开支最有效的办法。

第三个方法：让钱生钱

“你们的钱包正在鼓起来。为了做到这一点，你们坚持把收入的 1/10 储存起来，同时控制开销，保护你们日益增长的财富。接下来，我们要谈的是：如何让攒下的钱为你们工作，从而增加你们的财富。

“让钱在钱包里待着固然可以满足一个吝啬鬼的灵魂，但不能赚到更多的钱。我们从自己的收入中存下钱仅仅是一个开始，我们需要让这些积蓄生出更多的钱，这样才能为我们创造长久的财富。”在第三天时，阿卡德这样对他的弟子们说。

“那么，我们应该如何让钱为我们工作呢？我的第一次投资很失败，它让我失去了所有的积蓄。关于那次投资的故事，我将在晚些时候讲到。第一笔让我获利的投资是一次贷款，我把钱借给了一个叫阿加尔的人，一个制盾匠。每年，他都会从海外购置整整一船的青铜用于生意。由于缺乏资金来支付这些青铜，他需要向那些有闲钱的人借款。他是一个有信誉的人，当卖出盾牌之后，他一定会连本带利地偿还自己的借款。

“每次我再借钱给他的时候，总是会把他之前付给我的利息加到本金里再一起借给他。这样一来，不仅我的钱可以生钱，就连它们赚来的钱也可以生钱。而最令我高兴的是，这些钱最后都流回了我的钱包。

“我的弟子们，你们要记住：一个人的财富，并不是他放进钱包里的钱，而是他所建立的资产，是能够为他带来源源不断的、可持续增长的收入。这就是你们都渴望的，无论你们是在工作还是在旅行，都会有稳定而持续的收入流入你们的钱包。

“我拥有巨大的财富，以至于我被称为一个非常富有的人。我给阿加尔的贷款，是一次很好的投资训练。我从借贷给他的经验里获得了赚钱的智慧。随着我资产的增加，我扩大了借贷和投资的范围，一开始我的收入来源只有很少几个，后来变得越来越多。当金钱源源不断地涌进我的钱包时，我又可以拿它们来做更多明智的投资。

“看吧，从我那微薄的收入中，我得到了大量的金钱作为我的奴隶，它们为我赚来更多的金钱，然后钱又生钱，如此往复，我的财富就呈现爆炸式的增长。

“明智的生财之道可以让财富迅速地增长，正如你们将要听到的这个故事一样：有一个农夫，在他第一个儿子出生的时候，他拿了10个银币交给一个借贷商人去投资，约定在他儿子20岁的时候连本带利取回投资赚来的钱。借贷商人同意了，并且约定每4年交付本金的1/4作为利息。由于这笔钱是农夫打算留给儿子用的，所以农夫要求把利息也用来投资。

“当农夫的儿子长到20岁的时候，农夫去找借贷商人取回那笔钱。商人告诉他，由于复利的作用，当初的10个银币如今已经变成 30.5 个银币了。

“农夫非常高兴，由于他的儿子现在不需要这笔钱，所以他把钱继续留在借贷商人那里。又过了 30 年，农夫离开人世，借贷商人把钱交给了农夫的儿子，这个时候，当初的 10 个银币已经变成 167 个银币了。

“50 年的时间里，连本带利，这笔钱几乎翻了 17 倍。

“让钱包充盈的第三个方法就是：**让钱生钱**，让钱像田地里的牲畜一样，为你带来收入，使金钱持续不停地流入你的钱包。”

一起思考：怎样让钱生钱？

在这里，我们又一次提到了被动收入。只是，这一次阿卡德强调了“主动收入→储蓄→被动收入”这条关系链。

所以，让钱生钱绝不是富人的专利。站在起点，你会怎么使用接下来一笔主动收入呢？

第四个方法：守护你的财富

“树大招风，严密地看守好你钱包里的钱，否则它很容易失去。最好的办法是，当金钱大量涌进我们的钱包时，我们先储蓄较少的金钱，并且学着很好地保护它。”阿卡德在第四天的课堂上这样说。

“很多拥有金钱的人都容易受到一些投资机会的诱惑，那些投资机会往往看上去能使他们大赚一笔。有些时候，由于他们的朋友或者亲戚急于抓住这种机会，从而把他们也拉了进来。

“投资的首要原则，就是确保资金的安全。在我看来，受高额回报的诱惑，因此冒着资金损失的风险去投资是很不明智的。拿资金去冒险，很可能会受到损失。在进行投资之前，一定要谨慎地调查研究，确保资金安全。一定不要受到一夜暴富的幻想的诱导。当你们贷款给某个人之前，一定要确认他的偿还能力以及他的相关信誉。毕竟，把辛辛苦苦赚来的钱拱手送给别人是非常愚蠢的行为。

“当你在某个领域进行投资之前，一定要了解可能存在的风险。

“我的第一笔投资对我而言是个灾难，我把一年的积蓄交给一个叫阿兹木尔的烧砖人，他告诉我，他打算出海远航到泰尔，可以为我买些稀有的腓尼基珠宝。我们打算把那些珠宝卖掉之后平分利润。但那些卑鄙的腓尼基人卖给他的只是一些玻璃仿制品，因此我的财产受到了损失。如果在今天，我凭经验能马上判断出：把贩卖珠宝的事委托给一个烧砖人，完全是一个愚蠢的行为。

“因此，我要告诉你们，从我的经验中吸取教训：在遇到可能的投资陷阱时，不要对自己的投资判断过于自信。最好的方法是去请教那些在投资方面有丰富经验的人。他们会给你建议，而这些建议很可能会使你进行谨慎的投资，从而获得巨大的回报。事实上，如果这些建议使你避免了投资损失，那么它们就是有价值的。

“让钱包充盈的第四个方法就是：**守护你的财富**。它的重要作用在于：在你的钱包充盈之后，它能使你有效地避免财产损失的风险，确保资金安全。把钱只投在那些确定可以收回并且获得合理利润的地方。向有投资经验的人咨询，利用他们的智慧来确保你的财产不受损失。”

一起思考：怎样稳稳地守护自己的财富？

积累财富后，如何守护财富就成为非常重要的一课。

阿卡德站在投资的角度告诉我们：受到高额回报的诱惑去进行高风险的投资是很不明智的。

那么，什么是投资风险呢？

投资风险，是指对未来收益的不确定性。

需要注意的是，风险并不是绝对的坏事，这个不确定性是双向的，既可能给我们带来收益，也可能使我们受到损失。

投资受到损失，可能是因为你买的股票被套牢，可能是因为你投资的债券不能按期还本付息，还可能是因为你投资的房地产面临价值下跌……

防范这些风险的方法，除了阿卡德所说的不受高额回报的诱惑进行高风险的投资外，还有一个重要的方法就是不懂不投。就像如果你并不知道一个水池的深度，那就最好不要跳进去游泳。未知所包含的风险，可能远比你想的严重。

第五个方法：拥有属于自己的房子

“当一个人把收入的 90% 用于维持生计和享受生活时，如果他能把这些钱的一部分用于投资，并且不会降低他的生活质量的话，他的财富会增长得更快。”阿卡德在第五天这样对他的弟子们说。

“在我们巴比伦，很多家庭都住得非常简陋。他们要向房东缴纳高额的房租，他们的妻子也没有地方种植花草，而这些花草本可以使她们心情愉快，他们的孩子也只能在肮脏的小路上玩耍。

“没有哪个家庭能很好地享受生活，除非他们拥有自己的房子。在那里，他们的孩子可以在整洁的地上玩耍，他们的妻子在种植花草的同时，还可以种些药草以备家庭的不时之需。

“对一个人来说，吃到自家树上的无花果，或者吃到自家葡萄藤上的葡萄，是一件非常幸福的事情。拥有自己的房子，可以使一个人更自信，并且愿意为之付出更多的努力。因此，我认为，每个人都应该有属于自己的、可以为全家遮风挡雨的房子。

“对于一个想拥有属于自己的房子的人而言，这并非难事。我们伟大的国王扩建了巴比伦城墙，这样一来，城里增加了大量未使用的土地，人们可以用合理的价格买下它们。

“我还要告诉你们的是，借贷商人很乐于考虑那些想购置房子的人的需求。只要你们能够证明自己拥有购置房子所必需的一部分钱，那么，你们就可以从借贷商人那里借到其余的钱。用这些钱，你可以支付烧砖人和建筑工人的费用。

“等到房子建好之后，你们就可以像从前缴纳房租那样，分期偿还借贷商人的钱。由于每次偿还贷款都会让你的债务变少，所以几年你就可以还清债务。

“那时候，你们会感到非常幸福，因为你们已经拥有了属于自己的房子，从此以后，你们所要支付的就只剩下国王的赋税了。

“你们的妻子也会更频繁地去河边洗你们的衣服，回来的时候还会带一袋水去浇灌家里的植物。

“拥有属于自己的房子，会带来许多欢乐与幸福，在减少生活支出的同时，可以用更多的钱来满足自己的其他需求。这就是让钱包充盈的第五个方法：**拥有属于自己的房子**。”

一起思考：如何让你的房子成为一项有利的投资？

阿卡德说，拥有属于自己的房子是一种让自己的钱包充盈的方法，人们不仅能因此享受美好的家庭生活，还能够在还完贷款后用节省下来的钱满足自己的其他需求。

的确，房子可以带给我们的价值太多了。除了房价上涨带来的经济价值，房子还是一个家庭的情感寄托，带给这个家庭不同的社会意义，影响着这个家庭的户口、教育等各种资源。

我们都看到，最近几年，各地的房价，尤其是一二线城市的房价，都有不同程度的上涨，关于房子的政策也在不断调整。很多人希望尽早买房，有的是为了自己住，有的可能是为了投资。

但我们需要知道的是：过去十几年房价普涨的时代已经过去了，我们的房地产已经从几乎每个股票都在涨的超级牛市时代走向了个股时代，无论是从投资的角度还是从自己住的角度看，只有综合条件好的房子，未来才能保值和增值。

第六个方法：确保未来的收入

“每个人都会经历从童年到老年的过程，这是一条人生的必经之路。没有谁能偏离这条路，除非上帝过早地把他召回天堂。所以在我看来，一个人应该为他将来的日子做些准备，当年老时，他还可以有不错的收入，在他离开这个世界的时候，他的家人依然可以衣食无忧。在这节课中，你们将会学到，到了你们不能赚钱的那一天，如何使钱包依然充盈。”第六天，阿卡德这样对他的弟子们说。

“那些深谙生财之道，从而使财富不断增长的人，应该考虑一下自己的未来。他应该规划某项投资以确保未来很多年内都能有稳定的收入，在他渐渐衰老时，能够有充足的资金供他使用。

“人们可以采取很多方式为未来做准备。有些人会在某个隐蔽之处埋下一份宝藏，但无论藏宝地点多么隐蔽，都有可能有小偷光顾。所以，我本人不推荐这个方法。

“有些人会通过买屋置地的方式为养老做准备，如果他们明智地买到了那些具有潜在价值的地产，那么在未来的日子里，他们就可以通过地产的增值来获得收入。

“还有些人会把一小笔钱交给借贷商人去放贷，然后在固定的时间获得收益，这种利滚利的方式，能够使本金很快地增加。我知道一个叫安桑（Ansan）的鞋匠，不久前他对我说，在过去的 8 年里，他每周都会给借贷商人 2 枚银币去放贷。前几天，借贷商人给他看了账目，他感到非常惊喜。他每周放出的那一小笔钱，在每 4 年 1/4 利率的作用下，已经变成 1 040 枚银币了。

“我很高兴地鼓励他继续下去，我用我的数学知识告诉他，只要他坚持和此前一样继续投资，那么再过 12 年，借贷商人将会给他 4 000 枚银币，而这些钱足够他在晚年过上舒适的生活了。

“毫无疑问，当这么小额的规律性投资都可以获得惊人的回报时，任何人都可以积累一大笔财富来安度晚年，并使自己的家人生活富足，而不必考虑其他的投资和生意情况如何。

“在此我还要多说几句。我一直坚信，某一天一些聪明的人会发明一种对抗死亡的保险措施：很多人定期缴纳一小笔钱，而当这些人中的某个人去世后，这个人的家人会拿到很大一笔钱。这是我非常希望看到的，我对此持有极高的评价。

“但今天，它是不可能实现的，因为没有哪个人或者组织能有那么长的生命去实现它，而这一保险措施必须如同王座一般坚固长久。我相信在某一天，它一定会实现，并给人们带来巨大的福祉。

“但由于我们生活在当代而不是未来，我们必须利用之前提到的其他方法来为未来做准备。因为，我必须建议你们，利用你们的聪明才智，想办法避免晚年时钱包干瘪的困窘。无论对一个丧失赚钱能力的人，还是对一个失去一家之主的家庭而言，干瘪的钱包都是一个悲剧。

“让钱包充盈的第六个方法就是：**确保未来的收入**，为了你的老年和依赖你的家庭，早做准备。”

一起思考：优雅养老需要多少钱？

就像阿卡德说的，我们每个人都要经历变老，这是人生的必经过程，但是不是每个人都能从容优雅地经历这个过程就要因人而异了。

你知道优雅养老需要花多少钱吗？

我们曾经做过一个计算，一对夫妻，现在每年的支出是 11 万元左右，那么如果想要在退休之后依然保持这样的生活水平，年支出就要达到 26.67 万！

这样的支出水平下，他们养老缺口有多大，缺口又应该怎样来弥补呢？你想知道你的养老缺口有多大吗？不妨考虑通货膨胀水平后，自己做个测算吧。

★ 感兴趣的朋友，欢迎你在“简七读财”微信公众号后台回复“古巴比伦”，让我送你一个方便的测算步骤。

第七个方法：提升赚钱能力

“我的弟子们，今天我要给你们讲的是使钱包充盈的方法中最为重要的一个。不过，我要说的内容不是金钱，而是你们这些穿着各色衣服坐在我面前的人。我要告诉你们，人们生活和思想中的一些东西，是如何影响他们成功与否的。”在课程的第七天，阿卡德这样对他的弟子们说。

“不久之前，一个年轻人来找我借钱，当我问他原因时，他回答说他赚的钱不够他的花销。于是，我给他解释说，在我们借贷商人看来，他不是一个被看好的客户，因为他不具备还清贷款的赚钱能力。

"'年轻人，你现在需要做的是提高你的赚钱能力。'我对他说，'你为提高你的赚钱能力做过什么吗？'

"'能做的我都做了，'他回答说，'两个月来，我找过我的师傅 6 次，要求他提高我的工资，但都被拒绝了。没有人像我这样频繁地提要求。'

"也许在座的各位会因为他的天真无知而发笑，但他的确拥有了一个增加收入的前提条件：有增加收入的强烈愿望，这是一个正当、合理的愿望。愿望是实现目标的前提，你的愿望必须是具体而强烈的。模糊的愿望很容易转瞬即逝。一个人如果只是希望变得富有，那么他很难完成自己的目标，但如果一个人设立获得 5 枚金币这样具体的目标，那么他很可能会实现这个愿望。在获得 5 枚金币这一愿望的强烈推动下，人们会努力实现这个目标。接下来，他就会用同样的方式获得 10 枚、20 枚，乃至 1 000 枚金币。长此以往，他就会变得富有起来。在实现一个个具体的小目标的过程中，他学会了如何去实现更大的目标。通过这样一个过程，财富会逐渐积累起来：首先只挣很少一笔钱，随着一个人的不断学习和能力的提升，他挣到的钱也就越来越多了。

“愿望必须简明而具体。如果愿望太多、太混乱或者超过了自身的能力，那么这个愿望就很难实现。

“当一个人的职业能力越来越高的时候，他赚钱的能力也会随之提高。当我还是一个卑微的刻录员时，我每天只能挣到几枚铜币。我注意到：别的刻录员比我写得更快，从而赚得也更多。因此我决定在速度上要超过所有人。不久之后，我就发现了别的刻录员成功的原因。对工作投入更多的兴趣，更专注于自己的工作，更持之以恒地努力，通过这些方式，我的工作效率很快就超过了绝大多数人。日益精进的技术使我得到了合理的回报，我不需要在 2 个月内去找 6 次师傅，他就已经增加了我的薪水。

“掌握的知识越多，我们就越有可能赚到更多钱。一个努力去提高自己职业能力的人，他的收入一定也会随之增长。如果他是一个工匠，他可以向那些技术最好的同行学习技巧。如果他是一个诉讼代理人或者是一个医生，他就需要向同行请教并和他们交流。如果他是一个商人，他就应该不断地寻找那些可以低价买入的更好的货物。

“各行各业都在不断变化和进步，因为有头脑的人在不断改进技术，为消费者提供更好的服务。所以，我催促每个人都要走在所处行业发展的前列，并且不要停下来，以免落到后面。很多事情都会丰富人的一生，一个对自己负责的人应该遵守我要说的以下原则：

“一个人应该通过自己的努力，尽快还清债务，不要去买那些支付不起的东西。

“一个人必须照顾好自己的家庭。

“一个人应该立好遗嘱，一旦上帝将他召入天堂，他的财产也可以得到合理的分配。

“一个人应当在合理范围内善待并帮助那些贫穷不幸之人，也应当关心体贴那些与他亲近之人。

“使钱包充盈的第七个，也是最后一个方法就是：**提升赚钱能力**，学习并且变得更有智慧，提高自己的技能，让自己尊重自己。这样一来，你们就会有足够的信心去实现那些自己深思熟虑后许下的愿望。

“这就是使钱包充盈的七个方法，这些经验来自一个饱经沧桑而事业有成的人，如今我把它们推荐给所有渴望财富的人。

我的弟子们，在巴比伦，金钱之富足远超你们的想象，它可以满足所有人的需求。去实践这些真理吧，你们将会变得富有，那是你们应得的。去传授这些真理吧，让我们伟大陛下的子民们，自由地分享我们所钟爱的这座城市所蕴藏的巨大财富。”

一起思考：如何提升自己的赚钱能力？

我们都希望自己的赚钱能力越来越强，阿卡德说，掌握的知识越多，我们就越有可能赚到更多钱，这也是简七一直跟很多小伙伴提到的：投资自己，才是最好的投资。

投资自己，应该怎样做呢？

我们大部分人都有自己的本职工作，所以对于大部分人来说，提升自己的工作能力、获得更高的收入是性价比最高的自我投资。

有一位小伙伴曾分享过自己在工作中提升自己的秘诀：

1. 建立你的自我投资基金。

给自己建立一个基金吧，每天往里面放 10 元钱，经常用这个基金里的钱寻找不同的学习资料给自己充电。

2. 多做 10% 的工作。

每完成一件工作，多为它思考 10%，想一想这件工作让你学到了什么，又能总结出什么，多做 10%，积累下来，最终能为你的职场带来的收益率远远不止 10%。

你会怎样投资自己呢？

改变小行动

实践这 7 个方法，不妨来做做这 7 件事吧。

1. 现在就用“10/50 懒人储蓄法则”，让你的钱包充盈起来。拿出一张纸，记下你 10% 的收入金额和发工资的日期，在发完工资的当日，就把这个金额的收入存入一个单独的账户吧（比如单独的货币基金账户、单独的银行卡账户）。

2. 为你制订下个月的消费预算。
从当下开始，记账半个月，了解你平时的消费习惯，由此估计你一个月的大致消费金额，将这个金额定为你下个月的消费预算。
3. 用你每月的储蓄尝试进行投资。
可以先从低风险投资入手，如货币基金。
4. 搜集并了解 3 个高息骗局的例子。
5. 如果你还没有一套属于自己的房子，请拿出一张纸，写下你对自己未来想拥有的房子的期待（如希望在什么位置，面积是多少等），把这张纸放入你的梦想库。
6. 为自己算一下，如果你希望实现优雅养老的目标，你需要多少钱。
7. 找到 3 本能提升你职业能力的书，并做好这 3 本书的阅读计划。

第五章 与幸运女神相逢

简七导读

幸运，是我们每个人都很想得到的。

在阿卡德讲述自己的致富传奇时，有人觉得是因为他遵守了创造财富的3条法则，也有人将此归结于运气。你有没有想过，假设运气真的存在，那么有什么办法能让自己变得更幸运吗?

如果说第四章“让钱包充盈的7个方法”是方法论，那么本章的“及时行动”就是阿卡德教给大家的思想论了。

一个幸运的人，往往会有无限的机遇，即使把他扔进幼发拉底河，他也会抓着大把的珍珠游上岸来。

——巴比伦谚语

渴望交好运的心理人皆有之，从4 000年前的巴比伦直至今日，每个人都希望从反复无常的幸运女神那儿获得眷顾。

有没有什么方法能够让我们引起幸运女神的注意，并且从她那儿获得不仅是幸运的一瞥，而且是慷慨的赠予呢？世上真有这样的方法吗？

一起思考：拥有1个亿，人们就能实现财务自由吗？

何以解忧，唯有暴富？很多人幻想一夜暴富，似乎这样就能解决所有的财富问题。

但一项调查显示，在美国，90%的中过乐透（lottery）大奖的人在领到巨额奖金后的3~5年会重新回到一般的资产水平，或者会更加贫穷，更有甚者会作奸犯科，锒铛入狱，下场极其悲惨。

你会发现，真正的财富其实并不是你所拥有的财富的数额，而是掌控这些财富的能力。

财富其实是上帝给予你的另一种责任。你觉得财富到底代表着什么？用这个全新的视角看待财富，你可能会有不一样的答案。

中了彩票的穷人很多，能改变其一生财运的很少。因为他们没“有”钱。这里的“有”不是占有，而是掌握，是如臂使指地灵活运用。把钱变成工具，变成盟友，变成帮忙赚钱的奴仆。

这正是古巴比伦人希望知道的，也是他们下决心去寻求的，他们之中不乏饱学之士和聪明之人。这就解释了为什么巴比伦能够成为当时的“世界首富之都”。

在那个遥远的岁月里，没有书院或者大学，但他们拥有一个实用性很强的学习中心。在巴比伦那些高大的建筑中，有一座建筑的重要性堪比王宫、空中花园和神庙。现在你只能在浩如烟海的典籍中寻找关于它的记录，甚至已经难觅只字片语。然而在那个年代，它的确存在过，并且对当时人们的思想产生了不可估量的影响。

这座建筑就是学宫。在这里，教师们不计回报地为人们讲解昔日的智慧；在这里，人们可以公开讨论那些正流行的话题。在它的高墙之内，人人都是平等的，最卑微的奴隶也可以和出身高贵的王子进行辩论而不必担心会受到任何惩罚。

在那些经常来这座建筑的人中，有一个叫阿卡德的聪明的有钱人，他被公认为巴比伦最富有的人。他有一间属于自己的与众不同的大厅，每个夜晚，许多人都会聚集在那里，有一些是老年人，有一些是年轻人，但最多的，是正值盛年的人。他们针对各种有趣的话题，进行热烈的讨论与争辩。来吧，想象我们正处在他们中间，让我们去听一听他们是否知道如何得到幸运女神的垂青。

当火球一般的太阳在沙漠的尘雾中缓缓西下的时候，阿卡德缓缓地踱进他的大厅，这时候，已经有差不多80个人在等待他，他们躺在毯子上，三三两两地分散在大厅里。除此之外，还有更多的人正在赶来的途中。

“今晚我们要讨论什么？”阿卡德问。

一阵短暂的犹豫之后，一个高个子的织布工人站起来开口道：“我这里有一个主题，一直想和大家讨论。但是，阿卡德，我的朋友，我一直在犹豫，生怕你们会觉得这个主题非常荒谬可笑。”

在得到阿卡德和其他人的鼓励之后，他继续说下去："我最近运气很好，捡到了一个装满金钱的袋子。对于获得更好的运气，我怀有极大的渴望，而且我相信大家都有和我相同的渴望，所以我希望能讨论一下如何获得幸运女神的垂青，或许我们可以找到某种实现它的方法。"

"你提出了一个再有趣不过的话题，"阿卡德称赞道，"这也是我们的诸多讨论中最有价值的一个话题。一些人认为，幸运只不过是一种偶然发生的意外，它会毫无缘由地降临到某个人头上。另一些人则认为，为我们带来好运的正是我们最慷慨的幸运女神阿斯塔（Ashtar），她会给那些取悦她的人丰厚的回报。说吧，我的朋友们，我们是不是该找一找是否能够通过某种方式使幸运降临在我们在座的每个人身上？"

"是的，是的，我们来讨论一下吧。"越来越多的人热情地回应。

阿卡德接着说道："在我们的讨论开始之前，我想先问一问，在座的各位还有谁像这个织布工人一样有毫不费力就获得财富或者珠宝的经历？"

人们安静下来，开始四下张望，但没有人回答。

“什么？没有人有过这种经历吗？”阿卡德问，“看来这种好运气真的很少见。那么，谁来提供一个建议让我们的讨论继续下去呢？”

“我来吧，”一个穿着华贵的年轻人站起来说，“当说起运气的时候，人们不是会很自然地想到赌局吗？那些赌徒不都在向幸运女神祈祷，希望她会保佑他们大赢一把吗？”

当他正要坐下的时候，有人开口道：“等一下，继续说下去，告诉我们，你可曾在赌场上受到幸运女神的恩惠？难道是她使骰子红面向上，从而让庄家把你的钱包填满，或者是她让骰子蓝面向上，从而使庄家搜刮走你辛劳所得的金钱？”

年轻人温和地笑着回答：“我没有得到过这样的恩惠，幸运女神好像从来没有在赌场上注意到我的存在。但是其他人呢？你们有没有发现她在这样的地方，通过转动骰子给你们恩惠呢？我很想知道。”

“一个很好的开始，”阿卡德插话道，“我们在这里相聚，讨论各个问题的各个方面，如果忽略了赌博，就等于忽略了大多数人共有的天性。他们对花很少的钱赚取一大笔钱这样的机会很感兴趣。”

“这让我想起了昨天的比赛，”另一个听众叫起来，“如果幸运女神经常现身赌场，那么她也不会忽略赛马场，在那里，镀金的车子和嘶鸣的骏马更加令人振奋。告诉我们吧，阿卡德，她昨天是否悄悄地告诉了你应该把赌注压在来自尼尼微的那些灰色骏马上？

“当你对那些灰马下注的时候，我就站在你身后，当时我几乎不敢相信我的耳朵。你和我们都知道，在公平的比赛中，全亚述没有哪个马群能够战胜我们钟爱的栗色马群。

“真的是幸运女神悄悄告诉你要把赌注压在灰马上吗？因为她预知在最后一圈比赛中，最内侧的那匹黑马会被绊倒，从而干扰了我们的栗色马，因此灰马能够轻易地获得胜利吗？”

阿卡德宽容地笑了笑，回答道：“是什么让你觉得我们的幸运女神会给那些在赛马场下注的人以好运呢？在我看来，她是一位爱与高贵之神，她会帮助那些需要帮助之人，同时会给那些值得奖赏之人以奖赏。我并没有在赌场或者赛马场寻找她，在那些地方，人们失去的金钱远远多于赢到的金钱。我在另外一些地方寻找她，在那里，人们会做有价值的事情，同时获得更为优厚的回报。

“在农业耕作中，在公平交易中，在所有的职业中，凭借自己的努力，任何人都可以获得赚钱的机会。或许他不可能在任何时候都能赚到钱，因为他的决策总有失误的时候。此外，风暴等恶劣天气也会阻挡他的努力。然而，只要坚持下来，他通常都能够获得应有的回报，因为赚钱的机会总是格外眷顾这类人。

“但是，当一个人在赌博的时候，情况就会逆转。赚钱的机会总是和他作对，并且会一直站在庄家这边，因为赌局就是如此安排的。庄家正是通过这种赌局来获得利润，从每一个押注的人身上获得金钱。很少有赌徒能够意识到，在赌场里，庄家赚钱的机会远远高于赌徒。

“现在，我们以骰子赌博为例，每次掷骰子的时候，我们都下注押其中某一面向上，如果红色的一面向上的话，庄家要给我们所下赌注的 4 倍的钱，但如果其他 5 面中的任一面向上的话，我们就要给庄家钱。我们可以看到，每次掷骰子，我们都有 5 倍的机会输掉，但由于红色一面向上的话我们可以得到 4 倍于赌注的钱，所以等于我们有 4 次的机会赢钱。而在每晚的赌局里，庄家又可以拿走全部赌本的 1/5。在这种设定下，赌徒往往会输掉自己赌本的1/5，他们又怎么可能奢望会赚到大钱呢？”

“可是，的确有人在赌场里赚过大钱啊。”有人质疑说。

一起思考：投资和赌博，是一样的吗？

翻开世界赌博史还真有赚大钱的例子。19世纪末，一个叫威尔斯（Welles）的英国人来到蒙特卡罗大赌场碰运气，没过多久他就清空了赌桌上庄家的筹码，然后从这张赌桌“杀”到那张赌桌，所向披靡，总共掏空了12张赌桌的庄家，用4 000英镑的赌本赢了整整100万法郎。

第二年，他带着情人故地重游，又赢了100万法郎。然而好运来得快，去得更快，几乎一夜之间他赢来的财富全还给了赌场，不仅身无分文，情人弃他而去，债主也纷纷找上门来。结果威尔斯再也没有机会翻身，最后在穷困潦倒中死去。

概率是现实世界中随机结果的客观现实，而运气是你按主观意愿对这些随机结果赋予价值的结果。你可以理解为，运气就是发生在人身上的一些概率事件。

长期来看，投资背后是一次又一次的概率问题。如果我们寄希望于幸运女神每次都来解决我们的财富问题，其实就相当于期望小概率事件总是能够发生。

你觉得，这个难度有多大？

“确实有过，”阿卡德回答说，“但要注意的是，通过这种方式得来的钱，是否给这些幸运儿带来了持久的好处呢？我对此表示质疑。我熟识许多巴比伦的有钱人，在他们之中，我从未听说有谁是通过这种方式踏上成功之路的。今晚你们在座的诸位肯定也认识许许多多的人，我很想知道究竟有哪些人是通过赌博发家致富的。如果知道，就请你们讲出来吧。”

经过长时间的沉默之后，一个小伙子开口道：“可以把赌场的庄家算在内吗？”

“可以，如果你找不到其他人的话。”阿卡德回答道，“如果你们想不到什么人的话，那么你们自己呢？你们之中有谁是赌场上的常胜将军吗？如果有的话，告诉大家你财富的来源吧，没什么好顾虑的。”

他的这个提问引起了一阵低语，很快，这阵低语被整个大厅里的一片笑声所取代。

“看来，在这样的地方，我们无法遇到幸运女神。”阿卡德继续说，“所以，我们还是去其他地方看看吧。我们无法指望遇到捡钱包这种好运，也不可能指望在赌场里遇到好运。至于赛马场，我必须承认，我在那儿损失的钱远远多于我赢来的钱。

“现在来考虑一下我们的生意，如果我们做成了一笔利润丰厚的生意，但我们把这一切只是归功于自己的努力，不觉得那是幸运女神的馈赠，这难道不是很不应该的事吗？我认为，我们可能忽视了幸运女神给我们的馈赠，或许在我们没有奢望她的馈赠时，她的确给了我们恩惠。对此，还有谁想来讨论一下吗？”

一个上了年纪的商人站起身来，理了理他那精致的白色长袍，接下来说道："尊敬的阿卡德，诸位朋友，请允许我发表一点意见。正如阿卡德适才所言，我们会把生意上的成功归因于自己的勤勉和才能而忽略了慷慨的幸运女神。此外，我们为什么不把那些与我们失之交臂的机会看作幸运女神的恩赐呢？那些机会本可以给我们带来丰厚的回报，而且如果这些机会成为现实的话，每个人都会认为那是获得幸运女神恩赐的最佳例证，但由于它们被白白错过，所以我们不会意识到，在那个时候，幸运女神是赐予我们机会的。我相信，在座的许多人都有过这样的经历。"

"说得非常好，"阿卡德称赞说，"你们当中有谁曾经得到过这样的机会，但最终让它溜走了？"

许多人举起手来，那位年老的商人也在其中，阿卡德走到他身边，对他说道："这个话题是你提出来的，我们大家都很乐意听你第一个讲。"

"我很乐意和你们分享这个故事，"他回答说，"它将告诉你们，一个人可以非常接近幸运，而又因盲目无知，以至于让它从手中溜走，从而带来了巨大的损失，留下了长久的悔恨。

"多年之前，我还是一个年轻人，当时我刚刚结婚，生意也有一个不错的开端。一天，我父亲来找我，强烈建议我进行一笔投资。他一个好朋友的儿子，注意到城外不远处有一片贫瘠的土地。那片土地比水渠高得多，所以没有水可以浇灌它。

“父亲朋友的儿子计划买下那片土地，然后修建一座巨大的水车，用牛拉动水车来灌溉土地，从而把那片贫瘠的土地变成沃土。这个工程完成之后，他计划再把这片土地分割成小块卖给城里的居民，供他们放牧。

“父亲朋友的儿子没有足够的钱来进行这样大的一笔投资，他和我一样，是一个有着不错收入的年轻人。而他的父亲和我的父亲一样，他们用微薄的收入供养一个大家庭。因此，他打算找一些人和他一起做这笔生意。这个团队将由 12 个人组成，每个人都应该有独立的经济来源并且同意把自己收入的 1/10 投入这个项目，直到这片土地适合出售为止。然后，每个人都可以根据自己的投资比例来获得土地增值的回报。

“‘我的孩子，’我父亲对我说，‘你现在已经是一个小伙子了，我希望你能够开始建立自己的财产，并且成为受人尊敬的人。我希望你能够从我由于无知而犯下的错误中吸取有用的教训。’

“‘这也正是我所希望的，我的父亲。’我这样回答说。

“‘那么，按我的建议去做吧，做我在你这个年龄本该做的事情。坚持用收入的 1/10 进行可靠的投资。这 1/10 的财富在不断增值的同时，它本身创造的财富也会增值，等你到了我这个年纪的时候，你就可以有一份非常可观的产业了。’

“‘您的建议非常明智，我的父亲，而且我也非常想成为一个富有的人。但是我的钱还要在很多地方派上用场，所以我现在不能按照您说的去做。而且我还年轻，有许多时间可以去创造财富。’

“‘我在你这个年纪时也这么想过，然而，这么多年过去了，我始终没能开始行动。’

“‘我们生活在不同的时代，我不会犯同样的错误。’

“‘机会就在你面前，我的孩子，它提供了一个通向财富之路的机会。我求你了，不要犹豫，明天一早就去找我朋友的儿子，和他订下协议，把你收入的 1/10 给他去做投资，明天尽快去，机会不等人，今天它还在你面前，明天你可能就再也找不到它了。所以，不要拖延！’

“尽管我父亲一再劝告，我还是一直没有付诸行动。因为巴比伦的商人刚刚从东方国家带回了美丽的新款斗篷，这些斗篷是如此华贵精美，我和我的妻子都希望能拥有一件。如果我把收入的 1/10 拿去投资的话，就势必不能拥有我们所喜爱的各种各样的东西。我迟迟不能做出决定，直到时机不再，留给我无尽的遗憾。那笔投资很快就被证明是正确的，它带来的回报比此前人们预计的还要丰厚。这就是我的故事，从这里你们可以看到，我是如何让幸运从我面前溜走的。”

“从这个故事里我们可以看到，好运气只属于那些善于抓住时机的人。”一个来自沙漠的黝黑皮肤的人评论道，“要建立自己的财富，无论何时都需要一个良好的开端。这个开端可能仅仅是我们从收入中拿出几枚金币或者银币进行第一次投资。我现在拥有自己的牧群，我的开端始于少年时期，当时我用一枚银币买了一头小牛，这是我积累财富的起点，对我有重要的意义。

“迈出积累财富的第一步，这就是每个人都可以得到的好运。对每个人而言，这一步都至关重要，它使我们从通过劳动获取报酬转变为通过投资获得收入。那些幸运的人，从年轻的时候就抓住了这个好运，从而很快富有起来。而那些行动迟缓或者不那么幸运的人，就像刚刚这位商人的父亲，他们始终抓不住这个好运。

“我们这位商人朋友，如果他在年轻的时候能够好好把握那个机会的话，那么他现在就会拥有更多的财富。至于这位走运的织布工人，我们的朋友，你如果用这笔钱开始建立你的财产，那么一定会有更好的回报在等着你。”

“谢谢你的发言，下面我也来说几句。”一个陌生的异邦人开口了，“我是叙利亚人，我不太擅长你们的语言，我想给我们的朋友——这位商人，一个称呼。或许你们会觉得这个称呼有些无礼，但我希望可以这样称呼他。但是，天啊，我不知道这个称呼用你们的语言应该怎么说。如果我用叙利亚语来说的话，你们会很难理解，所以哪位好心的朋友可以告诉我，你们如何称呼一再推迟去做那些可能对他有好处的事情的人。”

“拖延者。”一个声音传来。

“就是这种人，”叙利亚人激动地挥舞着手臂，喊道，“当机会来临的时候，他不行动，只是等待，他会说我现在有很多事要忙。但我告诉你们，幸运女神不会等那些行动迟缓的人。在她看来，一个渴望幸运的人首先应该是一个处事果断的人。而任何一个当机会来临时不迅速行动的人，都是拖延者，就像我们这位商人朋友一样。”

那位商人站起身来，向这个叙利亚人优雅地欠了欠身，说道：“向您致意，陌生的朋友，感谢您坦率地说出了事情的真相。”

“下面让我们再听听其他关于机会的故事吧，你们之中还有谁有过不一样的经历吗？”阿卡德问道。

“我有，”一个穿着红色斗篷的中年人开口了，“我是一个贩卖牲畜的人，主要买卖骆驼和马匹，有时候也会买卖一些绵羊和山羊。下面我会在故事里如实地告诉各位，幸运是如何在一个夜晚不期而至，也许正是因为它的不期而至，我又让它溜走了。不管怎样，你们听完之后自己判断吧。

“某天晚上，在经历了 10 天令人沮丧的寻购骆驼之旅后，我回到城门外，但我恼火地发现城门已经关闭了。我的奴隶们开始架设帐篷准备过夜，我们还有一点儿食物，但水一点儿都不剩了，看来我们要在这种情况下过一晚了。这时，一个年长的农民向我走来，他和我们一样也被关在了城门外面。

“‘尊敬的先生，’他对我说，‘从您的外表来看，我觉得您应该是一位贩卖牲畜的商人。如果可以的话，我想把我现在手上这群很好的羊卖给您。我的妻子得了重病，我着急赶回家去。如果您买下我的羊群，那么我和我的奴隶们就可以骑着骆驼迅速地赶回去。'

"由于天黑，我看不见他的羊群，但是通过羊的咩咩声，我确定数目相当庞大。由于连续 10 天都没能买进合适的骆驼，我很乐意和他谈谈这笔生意。出于焦虑，他给出了一个非常合理的价格。我接受了他的报价，并且确信第二天早上我的奴隶们就可以赶着这群羊进城再卖一个好价钱。"

"价格谈妥了，我让我的奴隶把火把拿过来，好确认一下这群羊是不是如他所说一共有 900 只。我的朋友们，我不会向你们描述，要把这样一群又困又累、四处乱转的羊点清楚是何等困难，那是一个不可能完成的任务。因此，我坦率地对那个农民说我需要等到天亮才能开始点数，到那时再付钱给他。

"'求您了，先生，'那个人恳求说，'您今晚只需要付给我货款总数的 2/3，我就可以动身了。我会把我最精干的奴隶留下来，让他协助您清点羊群，他很值得信赖，所以您可以放心地把剩余的货款交给他。'

“但我非常固执地拒绝了在晚上进行这笔交易。第二天早上，当我还没有从梦中醒来的时候，城门打开了，4个牲畜贩子急匆匆地出城来寻购牲畜，由于城市受到围攻，食物匮乏，他们非常着急购买牲畜并且愿意付高价。他们给出的报价是我昨晚给出的3倍，于是那个农民接受了他们的价格。这的确是一个绝好的机会，但它从我面前溜走了。”

“这个故事很不寻常，”阿卡德评论道，“那么从中我们可以得到什么教训呢？”

“教训就是：如果认为正在进行的一笔交易是非常明智的，我们就应该当机立断，把它敲定下来。”一位可敬的鞍具师傅说，“如果这笔交易足够好，我们就要和自己以及其他人共有的弱点——善变做斗争。天啊，我不得不承认，相比错误的判断，人们更容易在正确的选择面前改变心意。我们固执地坚持自己的错误判断，却踌躇于做出正确的抉择，以至于让机会白白溜走。我的第一判断往往是最好的，但我发现，我在一笔好的交易前很难痛下决心。为了克服这个弱点，我会在那种时候迅速交一笔定金。这样做的确让我避免了许多错失上好生意机会的遗憾。”

一起思考：逆向思维

投资大师，也是巴菲特的合伙人——查理·芒格，非常善于运用逆向思维，并通过研究别人的失败来提高警惕。他曾说："如果要明白人生如何才能得到幸福，首先要研究人生如何才能变得痛苦；要研究企业如何做强做大，首先要研究企业如何垮掉。"

生活中要避免麻烦，投资中要避免失误。同为充满智慧的富人，阿卡德也善于总结前人的教训，避免自己遇到损失。在这场学宫辩论中，阿卡德分析了两个错失机会的故事：

故事 1：投资城外的土地，将其灌溉成沃土，然后卖给城里的居民供他们放牧。

错失原因：拖延。

应对方法：及时行动。

故事 2：贩卖牲畜。

错失原因：善变。

应对方法：当机立断。

“谢谢你，我还想说几句。”那个叙利亚人再次站起身来说，“这些故事非常相似。在每个故事里，机会的失去都出于一个原因——每当幸运女神出现在一个拖延者面前时，他都会犹豫，从来不会说‘现在时机正好，我要马上去做’之类的话。这样的人怎么可能成功呢？”

“你说得很对，我的朋友。”牲畜商人回答说，“在这些故事里，好运气都离那些拖延者而去。这种情况并不少见，拖延的思维存在于所有人的脑中。我们羡慕有钱人，然而当机会出现在我们面前时，拖延思维却千方百计地阻止我们去抓住它。

“由于屈从于拖延思维，我们就成了自己最可恶的敌人。当我年轻的时候，我还没意识到我们这位叙利亚朋友所说的拖延思维。起初，我认为我之所以错过了许多有利可图的生意是因为我的判断不成熟。后来，我又将其归咎于我固执的个性。最后，我终于意识到，真正的罪魁祸首是我们的一种毫无必要的拖延习惯，它使我们迟迟不能在合适的时机下定决心、采取行动。意识到这一点后，我恨透了这个习惯。我决定无论如何都要把这个我成功路上的敌人消灭掉。”

“谢谢，我想问第一位分享的商人先生一个问题。”那个叙利亚人说，“你穿着华贵，不像是贫穷的人，你的谈吐也使你看着像一位成功人士，那么我想知道，你现在是否还能听到可恶的‘拖延’在你耳边低语？”

“和这位贩卖牲畜的朋友一样，我也不得不去发现并且克服出现在我身上的拖延习惯。”商人回答说，“对我而言，拖延毫无疑问是个敌人，它一直在观察并等待着随时来摧毁我可能取得的成就。我刚刚所说的故事只是许多相似事例中的一个，通过这个事例你可以了解拖延是如何让我丧失了机会的。但一旦你意识到，你就能很容易地克服拖延这个习惯。没有人会允许窃贼偷走他的庄稼，也不会有人允许敌人赶走他的顾客并损害他的利益。我一旦发现这个敌人的迹象，就一定会下决心去克服它。所以，每个人期望分享巴比伦那巨大的财富时，首先要克服自己的拖延思维。

“阿卡德，你有什么要说的吗？作为巴比伦最富有的人，许多人都认为你的运气是最好的。你同意这个观点吗？我认为，一个人除非能打破拖延思维对他的禁锢，否则不可能获得全然的幸运。”

“你说得没错，”阿卡德回答道，“在我漫长的一生中，我看过一代代人在经营贸易、科学研究、钻研学问的道路上不断前行，他们希望由此获得成功。机会曾降临到他们每一个人头上，有些人抓住机会并且坚定不移地奔向他们的目的地，而更多的人则在机会面前踟蹰不前，最终落到了后面。”

一起思考：什么样的人，才是真正的幸运儿？

真正的幸运并不是让人不劳而获，好运气只会眷顾那些辛苦工作的人，他们通过诚实的经营和努力的劳动会获得长久的回报。

只可惜每当幸运女神抛出橄榄枝时，很多人会在犹豫不决中与机会失之交臂。

这让简七想到2008年金融危机后普通家庭因为恐惧捂紧钱包，而少数人洞察先机，借助银行信贷资金抄底房地产，大量买进低价房屋。随着“4万亿”财政刺激政策出台，房地产市场暴涨，抄底者都获得了收益，那些错过的人只能看着财富列车与自己擦身而过，越驶越远。

我们不仅在生活中有拖延的习惯，工作上也有。

工作上的拖延更多是因为缺乏专业知识和判断能力带来的过度谨慎。要克服这个坏习惯只有不断拓展自己的知识面，提高分析能力，培养敏锐的信息嗅觉。

幸运都伴随机会而至，而机会的最大敌人是拖延和缺乏准备，只有准备充分且快速行动的人才能得到幸运女神的青睐。

正如我们常说的那句话：机会总是留给有准备的人。希望下次机会来敲门时，你能牢牢抓住它。

阿卡德转向那位织布工人，说道：“你建议我们讨论幸运这个话题，现在让我们来听听你是怎么想的。”

“我对幸运有了不同的认识，过去我认为幸运就像大多数人所希望的那样，会使人不劳而获。而现在我认识到，幸运不会降临到那些缺乏行动力的人身上。从各位的讨论中我意识到，一个人如果想获得好运气，就必须主动地利用好出现在他眼前的机会。以后，我也会尽力去把握好那些出现在我身边的机会。”那位织布工人回答道。

“你很好地阐述了我们刚刚所讨论的内容。”阿卡德说，“我们可以发现，幸运女神往往跟随着机会出现，但她绝不会出现在其他地方。我们的商人朋友本可以拥有好运，他失去的那个投资机会正是幸运女神给他的厚礼。而我们这位贩卖牲畜的朋友原本也可以获得好运——买下那群羊，然后以一个很不错的价格卖出去。

“我们今夜的讨论是为了找到一个能使我们得到幸运女神眷顾的方法，我认为我们已经找到它了。所有故事都告诉我们：幸运女神是跟随机会出现在我们面前的。所有关于幸运与得失的故事包含一个不变的真理，那就是：幸运女神只会眷顾那些懂得把握机会的人。

“善于把握机会的人容易得到这位女神的垂青，而她也的确愿意赐福于那些能够取悦她的人，尤其是能够及时采取行动的人。

“行动将引导你通向成功。”

改变小行动

1. 回顾一件你和幸运女神擦肩而过的具体事件，思考一下错失机会的原因，总结一下应对方法。
2. 回顾一件你得到幸运女神眷顾的具体事件，思考一下成功原因，总结一下幸运方法。

第六章
金钱的五大法则

简七导读

《史记·货殖列传》讲道："天下熙熙，皆为利来；天下攘攘，皆为利往。"可见人们对钱的追求已绵延了几千年。

但是你知道吗？其实钱也在苦苦寻找自己心仪的主人。

冯仑在《野蛮生长》一书中提出："钱是有脚的，有性格的，也是有嗅觉的。是的，钱也在不停地跑，跑到自己想去的地方。"

你知道钱会跑向哪里吗？你知道怎样才能让钱在自己的身边停住脚步吗？这里的五大法则或许可以给你答案。

"如果让你们在一袋沉甸甸的金币和一块刻着智慧箴言的泥板之间选择，你们会选择哪个呢？"

在沙漠一堆篝火的微光中，听众们那由于风吹日晒而黝黑的脸上闪烁着好奇的光芒。

“金币，金币。”27 个人异口同声地回答。

老卡拉巴（Kalabab）微笑着，一副不出所料的神情。

“听着，”他抬起手说，“听听夜色中的狗吠，野狗在因饥饿而哀号。如果你喂它们食物，它们会怎么样呢？它们会争抢和炫耀，持续不断，而不会考虑到明天饥饿又会如期而至。人类也是如此，如果让他们在金币和智慧中选择，他们会怎么选呢？很多人会忽略智慧，选择金币以供自己挥霍，当第二天来临时，他们也会哀号，因为他们不再有金币了。”

“金钱只属于那些了解并遵守金钱法则的人。”卡拉巴说。

他把长袍向下拽了拽，用它裹住瘦削的双腿，因为这个夜晚寒风彻骨。

卡拉巴继续说道：“在这漫长的旅途中，你们都很忠诚地为我服务，把我的骆驼照顾得非常好，在炎热的沙漠中也不因辛劳疲惫而抱怨，并且为了保护我的货物与强盗们勇敢地战斗。所以今晚我给你们讲讲关于金钱的五大法则的故事，这样的故事你们此前可能从未听过。

“听着，你们要认真对待我说的每一句话，因为如果你们能够理解这些话的意思并且遵照执行，假以时日，你们将会变得富足。”

他停顿了一下，样子令人难忘。蓝色的苍穹中，群星璀璨。在这群人背后，隐约可见商队的帐篷，为了抵御不期而至的沙漠风暴，帐篷都被牢牢拴在坚固的木桩上。帐篷外，货物被打包整齐，堆放在一起，用皮子覆盖着。不远处，骆驼们舒适地卧在沙上，有的悠闲地咀嚼着食物，有的正有节奏地打着鼾。

“你给我们讲了很多好故事，卡拉巴，”搬运工的领队说话了，“希望明天我们的服务结束之后，你的智慧仍旧能给我们以指引。”

“此前，我只给你们讲述了我在遥远而陌生的国度里的种种奇遇。而今夜，我要给你们讲的是一个非常聪明的有钱人——阿卡德的智慧。”

“我们听过很多他的故事，”搬运工的领队说，“因为他曾是巴比伦最有钱的人。”

卡拉巴说道：“他确实曾是巴比伦最有钱的人，因为他深谙金钱之道，在他之前，巴比伦从来没有人能够如他一样富有。今晚我将给你们讲述他伟大的智慧。这是多年前我在尼尼微时，他的儿子诺玛瑟告诉我的，那时的我还是个一无所知的年轻人。

“我和我的主人在诺玛瑟的宫殿里待了很久，直至深夜。我和我的主人送去了许多精美的假发，诺玛瑟每件都要亲自试一下，直到挑出他满意的颜色为止。最后，他非常高兴，让我们和他坐在一起，喝着香醇可口、暖人脾胃的珍贵葡萄酒，那是一次难忘的欢饮。

“然后，正如我刚刚对你们所说的，他告诉了我们关于他父亲的伟大智慧的故事。

“你们都知道，有钱人的孩子们会和父母住在一起，将来继承父母的财产，这是巴比伦的风俗。但阿卡德很不赞成这样做，因此当诺玛瑟到了可以继承财产的年纪，阿卡德让他外出闯荡并且对他说：

“‘我的孩子，我希望你能继承我的一切财产，然而你得向我证明你有足够的能力来保管好它们。因此，我希望你到外面的世界去闯荡一番，在显示你赚钱能力的同时成为一个受人尊敬的人。

“‘为了你能有一个好的开头，我会给你两样东西，当我还是个开始创造财富的穷小子时，我可没有这些东西。

“‘首先，这一袋金币给你，如果你明智地使用它们，它们会成为你未来财富的基础。

“‘其次，这块泥板给你，上面刻着5条有关金钱的法则，如果你在实际行动中遵照这些法则的话，它们将带给你舒适安全的生活。

“‘10年后的今天你再回到这里，给我看你的账目。如果能证明你的价值，你将继承我的一切。否则，我将把全部财产交给祭司，从而使我的灵魂进入神界。’

“就这样，诺玛瑟踏上了他的旅程。他带上了那袋金币，把泥板用绸布仔细包好，与他的奴隶骑着马出发了。

“10年后，正如他许诺的那样，诺玛瑟回到了他父亲身边。他的父亲怀着自豪的心情举办了盛大的宴会，并且邀请了许多亲戚朋友参加。当宴会快要结束时，诺玛瑟的父母登上大厅里如王座一般的位子，诺玛瑟站在他们面前，正如当初答应父亲的那样，向他们展示自己的财富。

“那个夜晚，煤油灯的灯芯散发出的烟在屋子里飘荡，在灯光下，一切显得有些朦胧。穿着白色编织短上衣和束腰外衣的奴隶们有节奏地扇动着装有长柄的棕叶，湿润的空气缓缓流进房间。整个房间散发着庄重肃穆之感。诺玛瑟的妻子、他的两个小儿子和众多的亲戚朋友，都在急切地等他讲话。

“‘我的父亲，’他用一种不寻常的语气说，‘在这里，我对您的智慧表示无比钦佩。10年前，当我即将成年时，您让我外出闯荡，在人群中成长，而不是在您财富的庇佑下做一个娇生惯养的人。您慷慨地给了我金钱和智慧，但那些金币，主啊，我必须承认我处理得很失败。由于我缺乏经验，在抓住第一个机会之前，它就如同野兔一般从我眼前逃走了。’

“阿卡德宽容地微笑着，说道：‘说下去，我的孩子，我希望你原原本本地把故事讲给我听。’

“诺玛瑟继续说道：‘我决定去尼尼微，那是一个发展中的城市，我相信我可以在那里找到机会。我加入了一个商队，在里面我结识了许多朋友，其中有两个特别能说会道的人，他们有一匹漂亮的白马，那匹马跑得像风一样快。

“‘旅途中，他们信誓旦旦地告诉我，尼尼微的一个有钱人有一匹快马，这匹马在比赛中从未被击败过。这个有钱人相信在巴比伦没有马能比他的马跑得更快，所以他愿意下任何赌注来赌在巴比伦他的马跑得最快。这两个朋友告诉我，和他们的马相比，那个有钱人的马简直像一匹瘸腿的驴子一样会被轻易地击败。

“‘作为优惠，他们同意我和他们一起下注，我很容易地被这个计划打动了。

“‘我们押的马在比赛中惨败，而我也失去了大量的金币。’

“听到这里，阿卡德不由得笑了。

“诺玛瑟接着说道：‘后来我发现这是他们的一个骗局，他们不断地随商队旅行以寻找下一个受骗者。正如你们看到的，他们在尼尼微有一个同伙，他们一起平分骗来的钱。这个骗局给我上了第一课：**投资之前一定要小心谨慎。**

“‘很快我就学到了第二课，这个教训同样深刻。在商队里，还有一个年轻人，我和他非常要好。他是一个有钱人的儿子，而且和我一样去尼尼微寻找机会。不久之后，我们就到了尼尼微，他告诉我有个商人刚刚去世，这个商人的货物正在以非常便宜的价格出售，他建议我和他合伙买下这批货物，但他首先要回巴比伦取钱，所以他说服我把这些货物全部买下来，并保证以后的经营成本由他来支付。

"'我的父亲，我得告诉您，后面的日子真的非常难熬。我在哪儿都找不到活儿干，因为我没有技能，也没有接受过任何训练。我卖掉了我的马和奴隶，卖掉了我多余的斗篷，因为我需要吃饭和住宿。尽管如此，恐惧还是一天天向我逼近。

"'但在那些艰苦的日子里，我一直牢记您对我的信任，我的父亲。您希望我成长为一个真正的人，我下决心一定要做到。'

"诺玛瑟的母亲用手捂住脸庞，低声哭泣着。

"诺玛瑟用眼神安抚了母亲，继续说道：'那时候，我想起了您送给我的那块上面刻着金钱的五大法则的泥板。于是，我仔细地阅读那些充满智慧的文字，并且意识到如果之前就掌握了这些知识的话，我就不会失去原来那些钱了。

"'我把每一条法则都记在心里，并且下定决心，如果幸运女神再度向我微笑的话，我一定会遵循有智慧的长者的指导，而不是听从一个毫无经验的年轻人。

"'在座的各位，10 年前，我父亲把他的智慧刻在泥板上送给了我，今晚，我将把它读给你们听。

金钱的五大法则

1. 对于任何人来说，只要他把至少 1/10 的收入用来为自己的将来和家庭创造财富，那么金钱就会源源不断地流入他的钱包。
2. 只要人们明智地把钱放到有利可图的地方，金钱就会像耕牛一样勤奋且忠诚地为他们工作。
3. 金钱会留在这种人身边：他们会谨慎地保管金钱，并且在投资时会听取聪明人的建议。
4. 金钱会离开这种人：他们会在那些自己不熟悉或者有经验的人不认可的领域投资。
5. 金钱还会离开这种人：他们要么不顾现实进行投资，要么轻信骗子的花言巧语，要么仅凭自己那毫无经验的浪漫幻想投资。

一起思考：如何明智地投资？

考察金钱的去向是明智投资的重要思路之一。举个例子，在银行买理财产品时一定要看清合同，避免“存单变保单”这样的失误。

所谓“存单变保单”是指一些银行销售人员在销售银保产品时故意隐瞒，让不少购买者认为这些产品和普通的银行理财产品一样，但签合同时才发现是跟保险公司签的保单。事实上，银行作为保险公司的兼业代理人是要实现保险分销的。

如果真的遇到了这样的情况，发现错买了保险，购买者可以在犹豫期内退保，如果能证明购买时被销售人员误导，购买者还可以拨打中国保险监督管理委员会（现已被归为中国银行保险监督管理委员会）的投诉热线——12378进行投诉。

但更重要的是，在进行任何投资前，都要明确你的钱被投去了哪里，这样你才能明智谨慎地做出投资决策。

“‘这就是我父亲写给我的关于金钱的五大法则，可以说它们比黄金还有价值，这在我后面的故事中可以得到证明。’

“诺玛瑟再一次转向他的父亲，说道：‘我已经告诉您，我的无知和缺乏经验让我陷入了贫困与沮丧的深渊。

“‘然而，不幸的枷锁没有一直束缚着我，当我找到一份管理一队建造外城墙的奴隶的工作时，我的机会来了。

“‘凭借第一条金钱法则，我从赚来的第一笔钱里攒了1枚铜币，以后只要有机会我就增加储蓄，最终我攒了1枚银币。这是一个缓慢的过程，因为我还有必需的日常支出。我很节俭地过日子，因为我下决心在10年内把您给我的钱全部挣回来，而且还要挣得更多。

“‘那些奴隶的主人已经和我相处得非常好了，一天，他对我说，我是个节俭的年轻人，从来不乱花钱，并问我我的积蓄是否是我自己一点点攒下来的。

“‘我给予了肯定的回答，并告诉他您当初给了我一笔钱，而我把它们损失掉了，我现在最大的愿望就是把它们赚回来。

“‘他很佩服我的雄心壮志，并问我是否知道攒的钱也可以为我赚取更多的财富。我告诉他您给我的钱就是这么没了的，我真的很害怕现在的钱也会像那样损失掉。

“‘他说如果我相信他，他会告诉我如何让钱为我赚钱。

“‘他继续说，城市的外城墙在一年内就要完工，到那时，在城墙各个出口需要修建巨大的青铜门，以便保护城市免遭侵袭。在尼尼微，没有足够的金属来修建这些大门，而国王也没有想到这件事。他计划寻找一群人出钱组织一支商队前往远处的青铜矿场和锡矿场，把那些可以修建大门的金属带回尼尼微。当国王下令修建大门的时候，只有他们能提供金属，因此这些金属可以卖个好价钱。即使国王不从我们手里买金属，我们也可以在市场上用合理的价格把它们卖掉。

“‘我从他的建议中意识到这是一个很好的机会，根据金钱法则第三条，我拿出我的积蓄，在明智的人的指导下进行了投资。这次没有让我失望，我的投资成功了，我原来很少的积蓄也因为这次交易迅速增多了。

“‘后来，作为他们的合伙人，我们又一起做了许多生意。他们都是懂得如何赚钱的聪明人，每做一笔生意之前，他们都会非常谨慎地讨论。他们绝不会做那些会使金钱从他们手里溜走的投资。像我过去因为缺乏经验而进行的赛马或者跟不值得信任的人合伙这样的傻事，他们绝不会做。他们可以马上指出这里面的弊端。

“‘通过和他们的交往，我学到了如何谨慎地投资以保证获得利润。日子一天天过去，我的财富也增长得越来越快，我不但赚回了我损失的钱，还赚了更多钱。

“‘通过我的不幸、我的探索、我的成功，我一再检验了父亲给我的 5 条金钱法则所包含的智慧，并且每一次都证明它们是正确的。对于那些没有掌握这 5 条法则的人来说，金钱通常不会找上门来，相反会很快离他们而去。对于那些遵守这 5 条法则的人来说，金钱不但会不断涌来，而且会像忠诚的奴隶一样为他们工作。’

“诺玛瑟停下来，对后面的一个奴隶做了个手势，这个奴隶把 3 个沉甸甸的皮口袋搬到了前面。诺玛瑟拿过其中一个，把它放在父亲面前的地板上，继续对父亲说：‘您给过我 1 袋金币，巴比伦的金币。现在，正如我们当初约定的那样，我还给您同等的金币，只不过它们变成了尼尼微的金币。’

“‘您还给我刻着智慧箴言的泥板，我已经掌握了这些智慧，作为回报，我还要给您两袋金币。’他一边说着，一边从奴隶手里拿过另外两袋金币放在了父亲面前。

“诺玛瑟继续说道：‘这就是我要向您证明的，我的父亲，在我看来，您的智慧要比金币更有价值，然而谁能用金币来衡量智慧的价值呢？离开了智慧，金币会很快从它们的拥有者手中流失。但只要有智慧，即使一开始一无所有，人们也可以创造出巨大的财富。我这 3 袋金币就是最好的证明。

“‘我的父亲，能够站在您面前说下面的话让我感到无比满足：由于您的智慧，我成为一个有钱人，并且获得了人们的尊敬。’

“阿卡德把手放在了儿子的额头上，慈爱地说道：‘你学得很好，我为有你这样优秀的孩子感到无比幸运，我可以放心地把一切财富交给你。’”

卡拉巴结束了他的故事，静静地望着听众。

他接着问道：“从诺玛瑟的故事里，你们能听出些什么吗？

“你们之中有谁可以很好地为自己的父亲或者妻子的父亲管理他们的财产吗？

“如果你对他们说，你游历了很多地方，学到了很多知识，做了许多工作并且挣了很多钱。然而，你现在只有一点儿钱。有些钱被你明智地花掉了，有些钱被你愚蠢地浪费了，更多的是被你不明智地花掉了。那么，这些长者们会怎么想？

“如果你们还是认为，是命运使有些人生而富足、有些人生而贫困，那你们就错了。

“只要人们懂得这 5 条金钱法则并且遵守它们，那他们就会拥有大量的金钱。

“因为我在年轻时就学到了这 5 条金钱法则并且一直遵守它们，所以我成了一个有钱的商人，我之所以积累这么多财富，可不是因为某种神奇的魔法。

“财富来得容易，去得也快。

“能给人带来欢乐和满足感的财富是慢慢积累起来的，它如同一个刚落地的婴儿，由于不断积累的知识和坚持不懈地朝目标奋斗而不断成长。

“对于有智慧的人而言，赚取财富只是一个小小的负担，他们会一直背负这个负担直至完成自己最终的目标。

“遵守这 5 条金钱法则会给你们带来丰厚的回报，它们中的每一条都包含着丰富的哲理。为了不让你们因为我的故事简单而忽略了这些哲理，我现在把它们重复一遍。

“它们中的每一条我都已经铭刻于心，因为我在年轻的时候就意识到了它们的价值。

第一条金钱法则

对于任何人来说，只要他把至少 1/10 的收入用来为自己的将来和家庭创造财富，那么金钱就会源源不断地流入他的钱包。

任何人，只要能持续且明智地把 1/10 的收入拿来投资，就一定会创造出可观的财富。这些财富不但可以在未来给他提供持续的收入，而且当他去世以后，还可以给他的家人提供安全的财务保障。这条法则还告诉我们，钱很乐于流到这类人的钱包里。我的一生也证明了它的正确性，我的钱积累得越多，它增长的速度就越快，增长的数量也越多。我攒下的钱为我挣来了更多的钱，钱又生钱，无穷无尽。这就是第一条法则要告诉我们的。

一起思考：消费时代的“洗脑”，你中招了吗？

“金钱的五大法则”的第一条再次提到了储蓄的重要性。

你可能听说过，西方发达国家的储蓄率普遍较低，相比而言，东亚地区的储蓄率较高，尤其是中国一度因超过 50% 的储蓄率雄居全球首位。其实西方人并非天生不爱存钱，亚当·斯密（Adam Smith）早在《国富论》（*The Wealth of Nations*）中就强调来自储蓄的资本积累，他认为个人的节俭能够形成储蓄，扩大资本积累，增加投资。

连股神巴菲特也教导人们“正确的储蓄方法不是花钱之后把剩下的钱存起来，而是在存钱之后花剩下的钱”。可见西方精英阶层十分了解储蓄的意义，但普通人好像并不认真执行，这是为什么呢？

随着西方第二次工业革命兴起，社会生产力大幅提高，越来越多的商品源源不断地被生产出来，西方国家进入消费时代，对物质的追求成为主流价值观，普通人的消费习惯深受影响。

比如世界名著《嘉莉妹妹》(*Sister Carrie*)反映了美国19世纪末期，农村女孩嘉莉（Carrie）来到大城市后被百货商店里琳琅满目的商品所吸引，内心膨胀的消费欲望让她逐渐迷失了自我，甚至甘愿去做别人的情妇。

消费主义盛行的时代，人们通常被鼓励多花钱少存钱，也经常听到“钱不是省下来的，而是挣出来的”这样的话，许多人也觉得把钱存在银行的利率根本跑不赢通货膨胀率，储蓄就是眼睁睁看着资产贬值，还不如花掉，享受当下，活得潇洒一点。

所以，越来越多的年轻人觉得存钱没意义，相信只有多花钱才有动力去赚嘛！

不过，你有没有想过，现在身边有多少节日、观点，是为了刺激消费被故意制造出来的呢？

第二条金钱法则

只要人们明智地把钱放到有利可图的地方，金钱就会像耕牛一样，勤奋且忠诚地为他们工作。

金钱，事实上是个很勤劳的工人。当机会出现在它面前时，它渴望自己不断地增值。对于每个人来说，当机会来临时，他都可以最大化地利用攒下的钱为自己赚钱。随着时间的推移，他的财富会以令人吃惊的速度增长。

第三条金钱法则

金钱会留在这种人身边：他们会谨慎地保管金钱，并且在投资时会听取聪明人的意见。

金钱会留在谨慎的人身边，正如它们会离开不谨慎的人。谨慎的人在投资时会听取那些聪明人的建议，他们很快就能学会如何谨慎地投资以避开风险，保护好自己的财富，同时享受财富不断增长的乐趣。

第四条金钱法则

金钱会离开这种人：他们会在那些自己不熟悉的领域或者在那些有经验的投资者不认可的领域投资。

在那些拥有金钱却不善于管理金钱的人看来，似乎有许多赚钱的机会摆在他们面前，然而这其中的大部分“机会”要么会给他们带来金钱上的损失，要么被明智的人进行理性分析后证明不会带来太多的金钱回报。因此，那些盲目相信自己的判断、在自己不熟悉的领域投资的人，通常会发现自己的判断是错误的，并且会为自己的无知付出金钱上的代价。在深谙投资之道的专业人士的指导下进行投资，毫无疑问是个明智的办法。

第五条金钱法则

金钱还会离开这种人：他们要么不顾现实进行投资，要么轻信骗子的花言巧语，要么仅凭自己那毫无经验的浪漫幻想投资。

“不切实际的发财梦会像传奇故事一样让刚刚拥有金钱的人激动。在他们看来，自己的财富有着无穷的魔力，可以为自己带来不可思议的财富。然而，留神看那些明智的人吧，他们明白在突如其来的巨额财富背后可能隐藏着风险。

“永远不要忘记那些尼尼微的有钱人，他们绝不在那些可能损失金钱或者不会获得回报的事情上投资。

“关于金钱的五大法则的故事到此就结束了，在讲这个故事的同时，我也告诉了你们我成功的秘密。

“事实上，它们并不是秘密，而是人们应该学习并且遵守的真理。对任何人来说，只要他不想和那些野狗一样每天都为第二天的食物担心，他就应该将这些真理学以致用，明天我们将进入巴比伦城，看，贝尔神庙的火光在闪耀，我们已经可以看到这座黄金之城了。

“明天，你们每个人都会得到一笔钱，这些是你们通过忠诚的服务而得到的报酬。

“10 年之后，再谈起这笔钱的时候，你们会说什么呢？

“如果你们当中的哪个人，能够拿一部分钱为自己置办一份产业，并且明智地遵循阿卡德的智慧箴言，那么 10 年之后，他将成为一个富有的人，正如阿卡德的儿子诺玛瑟那样变得富有并且受到周围人的尊敬。

“明智举动的影响将伴随我们终生，给我们带来快乐，也给我们带来有力的帮助。同样地，不明智举动的影响也会跟随我们，给我们带来痛苦与灾难，使我们终生难忘。其中最大的痛苦莫过于机会来临时却没有准确把握住的苦涩回忆。

“巴比伦拥有如此多的财富，以至于人们不再把金钱当作评定价值的标准。每一年，他们都变得更加富有而且更加有价值。和其他地方一样，财富是一种回报，而这种丰厚的回报，只属于那些下决心保证投资安全的人。

“个人的欲望有着强大的魔力，在这种力量和金钱的五大法则的指导下，你们都可以分享巴比伦的巨大财富。”

改变小行动

1. 钱是流动的，钱是胆小的，钱是贪婪的，钱要求不断地自我增值……钱是有性格的，那么请思考一下“吸引钱的气质”又是什么样的呢?
2. 想一想，上一个离你最近的节日是什么？你进行了什么消费？这些消费，更多是出于你自己的需要，还是出于消费刺激呢?

专题一　财富水池

古巴比伦人民的财富秘诀被我们一点点揭开，简单却又能立见成效。

那对我们而言，有没有什么方法可以把阿卡德的智慧系统地应用起来呢?

当你已经读到整本书的一半时，简七想把这个方法分享给你。

从“10%”的储蓄说起……

我想，整本书读到现在，你记忆最深的可能是被反复提起的 10% 吧。这是阿卡德告诉我们的让钱包充盈的 7 个方法之一，他说“当我开始把收入的 10% 存入钱包之后，它很快就鼓了起来”。

把收入的 10% 存起来，一个人人都可以马上做的动作，却是古巴比伦人民财富积累的本源。

财富是神秘的，关于财富的道理却是质朴的。

那我们就从这10%说起吧，虽然存起收入的10%非常容易操作，但除了常规的收入，我们还会有加薪的收入、年终奖等其他形式的现金流入，这部分钱该怎么处理？该以什么样的比例贡献到我们的财富积累中呢？简七改造了这个10%的操作，将它升级为更适合我们现代人的“10/50懒人储蓄法则”。

什么是“10/50懒人储蓄法则”呢？

“10”就是阿卡德告诉我们的“10%”，也就是每月拿出收入的10%存起来，“50”的意思是，如果这个月有加薪的收入或者年终奖，那就把加薪的收入或年终奖的50%存下来，剩余的部分作为对自己辛勤工作的奖励，好好享受额外所得带来的欣喜。

搭建你的财富水池

面对如今更加复杂的金融环境，每个人的生活目标也变得更加复杂多样，我们越来越需要比单纯的储蓄更系统的方法来管理我们的财务。

在创立简七理财以来，我一直在思考，有什么办法能让普通大众通过最简单的方式最有效地打理自己的财务。经过三四年的整理研究，我总结了一套“财富水池模型”，推行至今，受到很多用户的喜爱与推崇。

今天，我就把这个财富水池的管理方法分享给你。

第一步：画出属于你的财富水池

首先，跟着简七来看看，财富水池究竟长什么样子。

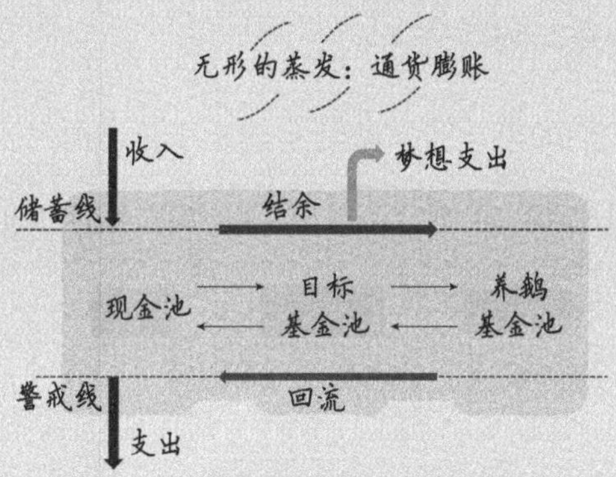

财富水池模型就是我们把自己的收入和支出想象成流水，把自己的资产想象成是蓄水池，而我们需要面对通货膨胀这个

无形蒸发的阻力，简单来说，就是我们需要投资，使钱增值的速度超过物价上涨的速度。

蓄水池可以分为 3 个小池子：

1. 现金池：高频、小额的日常生活支出，例如吃饭、交通、买衣服等。
2. 目标基金池：低频、大额的支出，例如季度缴纳的房租、年缴的保险费、3~6 个月生活费的应急预备金等。
3. 养鹅基金池：没有特定用途的强制储蓄，按照养小金鹅的心态进行长期投资。它是我们为了财务自由这个大目标存下的钱。

所以我们的第一步，就是构建属于自己的财富水池。现在，你可以拿出一张纸，一支笔，仿照简七给出的财富水池，画出你自己的财富水池模型。

那么这样的水池，应该怎么来用呢？

第二步：把你的收入归类

我们要先清楚自己的收入是怎样分配的。

一般来说，我们的收入主要有以下 4 个去处：

1. 日常的必要支出，比如保障最基本的衣食住行的开销；
2. 偶尔发生的必要支出，比如旅行、送婚礼红包及给父母的孝心红包等；
3. 非必要支出，比如每个月随意的网购消费、打折的大牌包、每天一杯星巴克等；
4. 少量的储蓄。

一般来说，比较合理的收入分配结构是这样的：

1. 长期储蓄：20%；
2. 日常支出开销：50%；
3. 偶尔发生的必要支出：20%；
4. 非必要支出：10%。

对照这个比例给你的收入分分类，你的收入分配是不是合理呢？

第三步：搜寻你生活中的“拿铁因子”

什么是“拿铁因子”呢？这个名称的来源是这样的：一

对夫妻每天早上必定要喝一杯拿铁咖啡，看似很小的花费，30年累积下来花费竟达到70万元！所以“拿铁因子”表示的就是我们生活中像买咖啡这样可有可无的支出，跨行收取的手续费、遇到商场打折时顺手买的衣服等都是“拿铁因子”。

越早揪出这些“拿铁因子”，我们就能越早发现自己赚的钱到底来自哪儿，都花去哪儿。如果你及时消灭掉一些“拿铁因子”，你的财富积累就又会上一个台阶。

第四步：让储蓄成为生活习惯

在与“月光”对战的过程中，尝试储蓄并不是最终目的，让储蓄真正成为你的生活习惯才是目的。对于怎样把储蓄培养成生活习惯，简七有两个小建议。

第一个建议是：**希望你牢记一个口诀，叫作“先支付自己”**。

“月光族”的一个典型做法是，每当收入到手，就先花钱，总想着等月底剩下钱了，我就存起来，结果每次还不到月底，钱就已经花完了。所以想要撕掉“月光族”的标签，最重要的是改变这个支配收入的顺序，变“先花钱后存钱”为“先存钱后花钱”。这样说你会不会觉得有点熟悉呢?

没错，在“先存钱”时，就可以运用我们的“10/50懒人储蓄法则”了。

所以简七想给你的第二个建议是：**用“10/50懒人储蓄法则”来先支付自己。存下的部分钱放进你的养鹅基金池中，用作长期增值。**

第五步：配置你的现金池

养鹅基金池的水位可以慢慢上升了，那其他两个水池呢?

首先，对于现金池，简七建议你先尝试记账一段时间，然后根据记账的情况，估算出你每月的消费大致是多少，这个金额就是你的月消费预算。每月收入到手时，除了拿出10%放进你的养鹅基金池外，再拿出与你的预算相当的一笔钱放进一个方便用于支付的货币基金，这样一方面给自己设定了预算水位，让你的消费有节制，一方面也没有浪费这部分钱的收益。

除此之外，你的现金池中还应当有一部分应急备用金，建议你拿出3~6个月的生活费作为这部分备用金，来应对一些突发的急用钱的情况，或者在你想要辞职找寻新工作时，这部分钱可以在你没有收入的空档给予支持。

第六步：配置你的目标基金池

还剩最后一个水池——目标基金池，看名称你应该也大概知道这个水池是为了辅助我们完成一些人生目标的。

不同的目标实现的时点也不同，所以简七建议你：**每一个用途单独用一类产品来打理**。

相对刚性的需求，比如3个月后要付房租，就提前把对应需要的钱存在一笔单独的定期理财产品中；如果是有弹性的支出需求，比如旅行基金，可以考虑放在一些波动较小的基金中，既方便记录，又好打理。

3个分水池，3种不同需求，阿卡德的财富智慧于我们而言，其实就是打理好这样的财富水池。

你的财富水池现在怎么样呢？

改变小行动

实践管理财富水池的 6 个步骤，并对每一个水池做好记录。

第七章
巴比伦的借贷商人

简七导读

在这一章里，借贷商人马松（Mathon）将向制矛师傅罗丹（Rodan）传授借贷的智慧。

大家在生活中可能都有过向别人、向银行借钱的经历，其实不仅在生活中，在投资中我们也有可能与很多本质是借贷的产品打交道。那究竟什么是借贷呢？有什么样的借贷方式？我们需要在借贷中注意什么呢？

50枚金币！罗丹——古巴比伦城的制矛师傅，他的钱包里从来没装过这么多钱。他迈着欢快的步伐，内心歌颂着国王的慷慨，从王宫高高的台阶上逐级而下。

他每走一步，腰间钱包里的金币就发出悦耳的叮当声，这是他听过的最美妙的音乐。50枚金币，都是他的！他几乎无法相信自己有这么好的运气。这些闪闪发光的金属块有着何等神奇的力量啊！有了它们，他就可以买到自己想要的一切：

宽敞的房屋、广阔的土地、羊群、骆驼、马和马拉的车。无论什么，只要他想要，他都可以买到。

他该如何利用这笔财富呢？这天晚上，当他经过一条偏僻的小巷子走向他姐姐家的时候，他仍旧想不出，除了保留这些亮闪闪、沉甸甸的金币之外，还有什么更好的方法来对待它们。

几天后的一个夜晚，困惑的罗丹走进了马松的商店。马松是一个借贷商人，同时也经营丝绸和珠宝的买卖。罗丹无心张望那些琳琅满目的被精心布置的艺术品，他径直走进后面店主的起居室。在里面，他看到文雅的马松正躺在地毯上由奴隶伺候用餐。

“有件事情我不知道该如何是好，所以想来向你求教。”罗丹有些木讷地站在那里，显得手足无措，他的皮外套敞开着，露出毛茸茸的胸膛。马松消瘦的脸上浮现出友好的笑容，他愉快地向罗丹打着招呼：“你到底做了什么傻事，使得你来找一个借贷商人寻求帮助？是在赌场上的运气不好，还是某个风姿绰约的贵妇让你神魂颠倒？我认识你这么多年，你还从来没有因为自己的麻烦来找过我呢。”

“不，不，不是那些事。我来找你不是为了借钱，是希望能得到一些明智的建议。”罗丹着急地辩解道。

“听听，听听，这个人在说些什么啊，从来没有人会主动听取借贷商人的建议，我一定是耳朵出毛病了。”马松笑着说道。

“不，我是认真的。”

“真的吗？你看起来可比其他人聪明得多。你来找我，居然不是为了借钱而是来寻求建议。许多人来我这里只是为了借钱去为自己做的傻事埋单，至于建议，他们从来都不要。事实上，对于这些麻烦缠身的人来说，还有谁能比借贷商人更能给他们提出好的建议呢？”

“你该坐下来和我一起吃饭，罗丹。”马松继续说，“今晚你就是我的客人。”

“安多（Andol），”马松又向那个奴隶吩咐道，“给我的朋友拿一条毯子来，他现在是我最尊贵的客人，多取些食物来，把我最大的杯子和最好的酒也带来，好让他喝个痛快。”

“好了，现在告诉我究竟是什么让你这么为难。”马松问罗丹。

“是国王的赏赐。”

“国王的赏赐？国王的赏赐让你为难？到底是什么样的赏赐？”

“因为我改进了士兵的长矛，国王一高兴，就赏给我 50 个金币。而这让我非常困扰，因为我几乎无时无刻不被那些想分享我金币的人包围着。”

“这很正常，想要金币的人可比真正拥有金币的人多得多，而且他们都想轻易地从身边的人那里分一杯羹。可是，难道你不会说‘不’吗？还是说你的意志不像你的拳头那样坚强？”

“对大多数人，我当然可以说‘不’，即使有些时候说‘是’的确容易得多。但对有些人，说‘不’很难，比如我怎么能拒绝和我最亲爱的姐姐分享这笔钱呢？”

“的确，你很难拒绝自己的姐姐来分享这笔财富。”

“她是为了她的丈夫阿拉曼（Araman），她希望他成为一个有钱的商人。我姐姐认为他从来没有得到一个机会，所以希望我把钱借给他，这样他就有机会成为一个富有的商人，等他赚了钱，再把钱还给我。”

“我的朋友，”马松对他说道，“你带来了一个很值得探讨的问题。金钱给他的所有者以责任的同时，也会改变他和身边其他人的关系。它会带来恐惧，让所有者担心自己的金钱会丢失或者被别人骗走。但同时，它也会让所有者意识到自己具有某种做好事的能力。当然，它也可能让所有者陷入麻烦，哪怕他本来是一片好意。”

马松断续说道：“你听过尼尼微那个能听懂动物语言的农夫的故事吗？我想你没听过，毕竟你不是那种会在铜匠铺的锻炉前听这类故事的人。我来讲给你，你得知道，借贷可不是把钱从一个人手里转到另一个人手里这么简单的事。

“故事里的这个农夫，他可以听懂动物语言，每天晚上他都会在农场院子里转悠，听动物们都说了些什么。一天夜里，他听到公牛在向驴子抱怨：‘我每天从早到晚都在拉犁耕田，无论天气多么酷热，身体多么疲惫，甚至有时候轭还会磨破我的脖子。而你生来就过得很舒服，充其量就是披着彩色毯子载着主人去一些他想去的地方，当他不在的时候，你就可以悠闲地休息，吃着鲜嫩的青草。’尽管驴子现在也被脚跟的疼痛所折磨，但作为一个好伙伴，它很同情牛的遭遇。‘我的朋友，’驴子回答说，‘你很辛苦，我也希望你能够缓口气轻松一下，让我来告诉你如何能休息一天吧。明天早上，当奴隶们来拉你下地的时候，你就躺在地上弓着背大声哀号。这样一来，他们就会以为你病了，自然就不会让你去干活了。’第二天早上，牛按照驴子说的做了，于是奴隶回去告诉农夫牛病得厉害，不能干活了。'这样的话，'农夫说，'那就给驴子套上犁去耕地吧，现在毕竟是播种时节，耽误不得。'整整一天，只是想拉朋友一把的驴子，发现自己置身于田地里，被迫做了本来应该由牛完成的工作。当夜晚降临时，卸下犁的驴子已经气喘吁吁，四肢无力，脖子上也被磨得鲜血淋漓。当天晚上，农夫又来到谷仓前的空地上听动物们的交谈。'你真是我的好朋友，'牛先开了口，'多亏你明智的建议，我才好好休息了一天。''而我呢，'驴子答道，'我就像那些头脑简单的人一样，一开始只想帮助自己的朋友，结果却要替他完成所有的工作。从今以后，你自己拉犁去吧，我听主人告诉奴隶，如果你再生病的话就把你直接送到屠夫那里去。真希望他会这么做，因为你就是一个懒惰的东西。'从此以后，它们谁都不理谁了，这件事让他们的友谊画上了句号。罗丹，你从这个故事听出些什么了吗？"

"这个故事挺有意思的，"罗丹说，"可我没听出什么别的门道来。"

"我也没指望你能听出来，但它的确告诉了我们一个简单的道理：如果你想帮助你的朋友，一定要避免采用那些会让你反受其累的方法。"

“我从未想过这些，这真是个明智的建议。我的确不想替我姐姐的丈夫背黑锅。但是请告诉我，你借出去那么多钱，难道每个人都一定会还钱吗？”

马松的脸上浮现出一个饱经世故的人才会有的微笑，说道：“如果借款人没有偿还能力的话，我会把钱借给他吗？借款人是会把借来的钱用在明确的目标上，从而可以连本带利地偿还债务，还是不明智地挥霍最终导致无力偿还债务？对于这些问题，一个借贷商人会做出不明智的判断吗？来看看我箱子里的抵押物吧，它们会告诉你一些事情。”

马松走进里屋，搬出了一口红色猪皮箱子，箱子上还镶嵌着青铜配饰。他把箱子放在地上，俯下身，双手扶在箱盖上，说道：“我会要求向我借款的每个人给我一件抵押品，放进这个箱子。当他们还清债务之后，我会把抵押物还给他们。如果他们没有钱还，那么箱子里的抵押物就会提醒我，那个人在我这里已经失去信用了。

“我的抵押箱告诉我：那些抵押物的价值远远大于借款人所借钱数的贷款是最安全的。借款人拥有土地、珠宝、骆驼及一切可以变卖来还债的实物，这些都是可靠的抵押品。有些人给我价值远超贷款本身的珠宝作为抵押品，而有些人则向我承诺如果不能按时还贷，他就会拿一部分财产作为补偿。这种情况下，我相信我的钱会随着利润一起回到我的钱包。因为这些贷款是建立在借款人的财产基础上的。

一起思考：抵押贷款是什么？

马松说，对于每个向他借钱的人，他都会要求对方给出一件抵押品，直到还清贷款后，才会把抵押品还给借钱的人。这其实就是抵押贷款的模式。

现在，抵押贷款依旧非常普遍，需要借钱的人以一定的抵押品作为物品保证可以从银行取得贷款，抵押品的种类有很多，比如你的房子就可以作为一种抵押品。

有了抵押品，即使借款人没有钱还，贷款人也可以处理抵押品，并获得还款。所以马松才会说“那些抵押品的价值远远大于借款人所借钱数的贷款是最安全的”。

"还有一类人，他们像你一样具有赚钱的能力，通过付出劳动或者提供服务来获取报酬。他们有收入，并且我相信，只要他们品行端正又没有遭遇厄运的话，他们也会连本带利地偿还我借给他们的钱。这些贷款同样安全，因为它们建立在有赚钱能力的基础之上。

"还有一类人，他们既没有财产也没有可靠的收入来源，世界上总有这样一些人，他们不愿意改变自己以适应艰难的生活。对于这些借款人，哪怕只借给他们1枚铜币，我的抵押箱也会责备我好几年——除非他们能找到品行端正的朋友来为他们做担保。"

一起思考：担保贷款是什么？

马松说，需要钱的人找到一些品行端正的朋友为自己担保，从而获得贷款的方式，叫作担保贷款。

什么是担保贷款呢？

如果有人既需要钱，但又没有可以用于抵押的东西，他就可以选择找一个贷款人认可的第三方来提供承担连带责任的保证，这个第三方必须具有代为偿还全部贷款本息的能力，必要时需要代替真正借钱的人来偿还债务，履行连带还款的责任。

你可以发现，担保贷款是具有一定的风险性的，尤其对于作为担保人的第三方来说，所以在搞清一项贷款事项之前，不要轻易做别人的担保第三方。

马松打开箱子，罗丹好奇地探过身向里面张望，箱子的最上面，是一个放在红布上的青铜护颈。马松拿起它，充满感情地拍了拍，说道："它将永远保存在我的箱子里，因为它的主人已经过世了。我在珍藏它的同时，也珍藏着对它的主人的回忆，因为他是我的好友，当初我们一起做生意并取得了巨大的成功。后来，他带回一位东方女性并和她结了婚，那个女人不同于我们国家的女性，她是一个美得耀眼的女人。我朋友花费了大量金钱来取悦她，满足她的欲望，当他变得一文不名时，他沮丧地向我求助。我向他提供了建议，并且告诉他我会帮他再次掌控自己的生活，他也发誓要重新开始。但最终他还是没有做到，因为在一次争吵中，这个女人将一把刀刺进了他的心脏。”

“那个女人呢？”罗丹问。

“哦，你能想到的，”马松拿起那块红布说，“这是她留下来的，在极度懊悔中，这个女人跳进了幼发拉底河。这两笔贷款永远都不会被偿还了。这个箱子会告诉你，罗丹，对于一个借贷商人来说，把钱借给那些屈从于自己强烈情感的人可不是什么好主意。”

“看这个，这个就完全不一样了。”马松拿起一个牛骨雕刻而成的戒指说道，“这是一个农民的抵押品，我经常从他家的女人们那里买毯子。一次蝗灾让他颗粒无收，当时我帮助了他，而当收获了新的马铃薯之后，他就偿还了我的贷款。后来，他又来找我，告诉我他听旅行者说在很远的岛上有一种奇特的羊，它们的毛美丽又柔软，可以编出巴比伦人没见过的精美绝伦的毯子。他希望能买这样一群羊，但他缺乏资金。我借钱给他去买了一群黑色的羊。现在，他已经拥有了属于自己的羊群。而且明年巴比伦的有钱人们就会为最昂贵的毯子目眩神迷，那将是他们所能买到的最好的东西。相信我很快就会把这个戒指还给他，因为他总是很快地把钱还给我。”

“有些人还钱很及时吗？”罗丹好奇地问。

“我发现，如果借款人借钱的目的是获得更多的钱，那么他们往往会很及时地还钱。但如果他们借钱是为自己的鲁莽行为埋单，那么我得提醒你，如果你还想让你的钱回到自己手上的话，你就得小心了。”马松答道。

一起思考：庞氏骗局究竟怎么回事？

国外的“庞氏骗局”是一种古老的投资诈骗形式，即用超出市场平均水平的投资回报率吸引投资者，玩的是“拆东墙补西墙”的游戏，用后来投资者的钱作为前期投资者的回报。这种经典的诈骗形式在现代出现了各种变体，例如20世纪90年代末日本的KKC（经济革命俱乐部）诈骗案，它以“投一返十”的宣传为诱饵，吸引投资者，最后导致许多日本家庭陷入困境，成为日本历史上规模最大的诈骗事件。再比如近几年中国也发生了一系列互联网金融诈骗案，像泛亚、e租宝等公开号称“低风险、高收益”的平台，被爆出平台上的项目都是虚假标的，大量投资者被骗上当，血本无归。

引用网上一句经典的话：“你贪的是人家的利息，人家要的是你的本金。”在这个相对浮躁的物质社会，不少人希望能一夜暴富，可是天上不会掉馅饼，冷静思考一下，看似诱人的高收益也许只是一个圈套。

“给我讲讲这个吧。”罗丹捡起一个金手镯，向马松问道，那是一个沉甸甸的金手镯，上面还用宝石镶嵌了奇特的图案。

“看来还是和女人有关的东西更能吸引你的注意力，我的朋友。”马松半真半假地开玩笑说。

“毕竟我比你年轻。”罗丹笑着回答道。

“这一点我同意，不过这次可不像你猜想的那样，这个过程一点儿浪漫的成分都没有。这个手镯的主人是一个又老又胖、满脸皱纹而且喋喋不休的女人，哪怕只听她几句唠叨都会让我发疯。她家曾经很有钱，她也是我很好的客户，但是后来贫困找上了她家。她有一个儿子，她希望儿子成为商人。为了让这个孩子成为一个商队头领的合伙人——这个商队赶着骆驼穿梭于各个城市贩卖货物——她来向我借了一笔钱。”马松答道。

“她有没有向你寻求像借贷的智慧之类的建议？”罗丹追问道。

“怎么可能，在她看来，她的儿子即将成为巴比伦最富有、最有权势的人。给她任何建议只会激怒她，并招来一顿痛骂。我知道把钱借给这样一个毫无经验的男孩无疑是一次很大的冒险，但他的母亲提供了抵押品，所以我无法拒绝。”马松解释道。

“这个，”马松晃动着一捆打结的绳子继续说，“属于内贝特（Nebatur），一个骆驼贩子，当他想买更多的骆驼而缺乏资金时，他用这捆绳子做抵押向我借钱，我给了他所需要的金额。他是一个有头脑的商人，我非常相信他的判断力，所以我毫无压力地把钱借给他。巴比伦还有许多商人因他们可敬的言行而值得信任。这些商人会经常来我这里借钱。优秀的商人本身就是我们城市宝贵的财富，借钱帮助他们扩大生意，既能给我带来利润，又能促进巴比伦的繁荣。”

马松拿起一个用土耳其玉雕刻的甲虫，又轻蔑地把它扔在地上，说道：“一只来自埃及的虫子，那个拥有它的小伙子完全不在乎是否能还得起我的借款。当我催他还钱的时候，他总是说‘我现在这么不走运，哪里有钱还你呢，再说你的钱已经够多了。’我还能怎么做呢？这笔贷款的抵押品是他父亲提供的，他父亲是一位薄有资产的人，他用自己的土地和牧群为儿子的事业做抵押。这个年轻人一开始获得了不少金钱，之后在野心的驱使下，便去追逐更多的财富，但他还不够成熟，过多的野心毁掉了他的生意。年轻人往往有野心，他们希望通过捷径来获得财富以及财富所象征的荣耀。为了快速获取财富，年轻人通常会不明智地借钱。年轻人缺乏经验，他们意识不到没有希望的债务会把他们拉入深渊。在这个深渊里，他们会迅速下滑，并且会徒劳无益地挣扎许久；在这个深渊里，他们非常悔恨并感到遗憾，看不到明亮的阳光，也因悔恨而夜不能寐。是的，我不反对借钱，相反，我鼓励借钱，特别是鼓励人们出于一个明智的目的而借钱。作为商人，我第一笔成功的生意就是通过借钱得来的。

“然而，作为放贷人，在这种情况下又能怎么做呢？这个年轻人已经一事无成，意志消沉，他无力偿还我的债务，而我的内心又不愿让他的父亲以土地和牧群来为他偿还债务。”

“你告诉了我很多很有趣的故事，”罗丹说，“但是你还没有回答我的问题：我该不该把这笔钱借给我姐夫？他们对我而言非常重要。”

马松答道：“你姐姐是个品行端正的人，我非常尊敬她。但她丈夫来找我并且向我借 50 枚金币的话，我还是会首先问他如何使用这笔钱。

“如果他回答说他想做一个像我一样经营珠宝和贵重绸缎的商人，那我会问：‘你有任何关于贸易的知识吗？你知道在哪里进到最便宜的货物吗？你知道在哪里可以卖出一个好价钱吗？’你觉得他会给出肯定的回答吗？”

“不会的，”罗丹承认道，“他大多数时候都是帮我制作长矛，偶尔在一些商店里帮忙。”

马松继续答道：“那么，我会告诉他，他借钱是不明智的，商人需要学习关于贸易的一切，尽管他的雄心值得称赞，但太不切实际了，我不会把钱借给他。

“如果他说：‘是的，我为很多商人工作过，我知道如何去士麦那买到家庭主妇们穿的披肩，我也知道如何把它们以一个合适的价格卖给巴比伦的有钱人。’那么我会说：‘你很明智，而且你的雄心也让人敬佩，如果你能够提供抵押品来保证可以安全地偿还债务，我会很高兴把这 50 枚金币借给你。’如果他说：‘我没有任何抵押品，但我是一个正直诚实的人，我一定会连本带利偿还你的债务。’那么我会说：‘我珍惜我的每一枚金币，如果你在去往士麦那的路上被强盗抢走了金币或者在回来的路上被抢走了货物。那么你将无法偿还我的钱，我的金币就没了。’

“你看到了吧，罗丹，对于借贷商人来说，金钱就是他的货物。它们借出去很容易，但如果不明智地把它们借出去，那么再要回来就非常困难了。在没有足够安全的抵押品时，一个明智的借贷人不会让他的钱去承担风险。”

“帮助处于困难和不幸中的人是件好事儿，”马松继续说着，“帮助别人取得进步并实现自身的价值也是件好事儿。但是，帮助别人的时候必须保持理智，否则，你会像故事中农夫的那头驴子一样，本来仅仅是想帮助别人，到最后却不得不扛起原本属于别人的负担。

“我又一次偏离了你的问题，罗丹，不过现在记住我的回答：留着你的50枚金币。它们是你挣来的，是属于你的奖赏。除非你愿意，否则没有任何人有权利把它从你身边拿走。如果你想把它借出去从而获得更多的钱，那么在借出去的时候一定要谨慎，并且通过把它们借给不同的人来分散风险。我不喜欢把钱压在箱子里，更不喜欢让我的钱去冒巨大的风险。你做制矛师傅多长时间了？”

“快3年了。”罗丹回答道。

“不算国王的赏赐，你自己存了多少钱？”

“3枚金币。”

“每年你辛勤劳作和省吃俭用只能攒下1枚金币吗？”

“是的。”

“那就是说你需要省吃俭用50年才能攒下这50枚金币吗？”

“我想这大概得工作一辈子。”

“你觉得你姐姐会希望拿你在锻炉前工作 50 年才能存下的钱来试着让她丈夫成为一个商人吗？”

“如果像你这样说的话，她是不会的。”

“那么这样，你去找她，对她说：‘我 3 年来除了斋戒日之外，每天从早到晚辛勤劳作、省吃俭用，每年才能存下 1 枚金币，你是我最亲爱的姐姐，我也希望你的丈夫能够从事商业而发家致富。如果他能够给我一个计划，而且这个计划在我的朋友——马松看来是明智且可行的，那么我很愿意把我一年的积蓄借给他，使他得到一个机会来证明他的能力。’照我说的去做，如果他真的渴望成功的话，他会证明自己，就算他失败了，由于欠你的钱不多，他也可以在一段时间之后还清。

“我之所以是一个借贷商人，是因为我拥有的钱超过了我在自己的生意上所需要的，我希望我多余的钱能够为别人服务，并由此给我带来更多的钱。我不喜欢拿我的钱去冒险，因为我为了这些钱辛勤劳作并且省吃俭用，所以，除非我能够确定这笔贷款是安全的并且能够连本带利地偿还，否则我不会把钱借出去。

“我已经告诉你我的抵押箱里的一些秘密，从这里你可以看到人性的弱点：人们急于借到钱，却往往无法确定可以按时还钱。从这里你就可以看到：人们是多么乐观地相信，只要有了钱，自己就一定能够大赚一笔。然而除了希望，他们没有任何能力或者技能来实现目标。

“至于你，罗丹，你现在有钱了，你应该利用它们来挣更多的钱，你可以成为像我一样的借贷商人。如果你能谨慎地照看这笔财富，它将会给你带来更多的财富，并将在今后的日子里成为连续不断的财富源泉。但如果你失去了它们，那么它们将成为你遗憾与后悔的源泉，在未来的日子里，这种悔恨的感觉将每时每刻萦绕在你心头。

“你最希望你兜里的钱怎么样呢？”

“让它们安全。”罗丹回答道。

“很聪明，”马松赞许地说，“你认为最重要的事是保证它们的安全，那么如果把这笔钱交给你姐夫的话，你觉得它们会更安全吗？”

“恐怕不会，因为他完全不懂得如何理财。”

“那么，不要受愚蠢的同情心和责任感影响而把钱借给随便哪个人，如果你想帮助你的亲人或者朋友，去找一些别的方法，不要拿你的钱来冒险。要记住，金钱会以意想不到的方式从那些不擅长保管它们的人那里溜走。这样一来，就如同你把钱交给别人让他们帮你把钱挥霍掉一样。

“接下来，在保证你的钱安全之后，你最希望怎么样呢？”

“用它们赚更多的钱。”

“这次你又说对了，你的钱将会生钱，并且越来越多。像你这样的年龄，如果能够明智地借贷的话，那么到你年老之前，你的钱就会翻上整整一倍。但如果你拿它们去冒险的话，你很可能会失去一切。

“因此，不要被那些抱有不切实际的计划的人影响，他们自认为发现了使金钱增多的方法，但那些计划往往是白日梦，不是建立在安全可靠的商业规律之上的。当你借贷的时候，一定要谨慎，这样你才能获得回报，如果只是为了一个高额回报的许诺就轻率地把钱借出去，你将会蒙受损失。

“和一些有经验的、明智的成功人士或者企业打交道，他们会熟练且安全地使用他们的金钱，并为他们带来丰厚的回报。这样一来，你也可以避免损失金钱的厄运。而这种厄运经常跟随在这样一种人身后，对这种人来说，只有神明才是金钱最好的保管人。”

当罗丹对马松表示感谢时，马松并没有理会，而是继续说道：“国王的50枚金币将会教给你许多智慧，如果你想留住你的50枚金币，你就得非常谨慎，因为会有各种各样的诱惑出现，会有很多人向你提供建议，数不清的赚钱机会出现在你面前。我的抵押箱里的故事已经向你提出了警告：当你把钱借出去之前，一定要慎重考虑，这笔钱是否能安全收回且有利润。如果你将来还需要我的建议的话，请随时来，我很乐意为你提供建议。

“在你临走之前，请读一读我刻在箱子上面的这句话吧：一时的谨慎可以避免终生的遗憾。它对债权人和债务人同样重要。”

一起思考：你该如何把钱借给别人？

说到投资，我们就不得不提债权类投资，也就是我们俗称的借钱还钱的过程。

在这样的过程中，你可以发现，债权类投资最大的风险就是借款方可能并不具备还款的能力，这也警示我们，在进行债权类投资的时候，一定要注意投资平台的资质、安全性，以及投资项目中借款方的还款能力。

一起思考：当我们需要借钱时，怎么做更好？

上面向大家介绍了怎样聪明地借钱给别人，简七也有一些聪明的借钱方法。

其实借钱的本质是向未来的自己借钱。因为这个钱，以后总要由自己来还，所以当我们考虑现在是否应该借钱的时候，要问问还钱时那个未来的自己，这事儿值不值。

那么什么算是值得的负债呢？如果我们借钱是为了满足以下条件之一，就算是借了一笔“聪明债”：

1. 用于购买有增值潜力的资产。

2. 用于提高生产力 / 投资自己（助推自我发展）。

但是只要负债原因符合以上标准，我们就能随心所欲地借钱了吗?

当然不是。除了什么时候应该借钱，我们还应该关注什么时候我们能借钱，这样才不会使自己的财务状况一塌糊涂。

能与不能，其实有一个显性指标和一个隐性指标。此处重点介绍显性指标。

显性指标：用负债率和还款能力来衡量自己的负债情况是否合理。

1. 总负债 / 总资产≤ 50%~60%。

比如你原本拥有 100 万元，借了 80 万元买了一套价值 100 万元的房子，那么：

80/（100+100）=40%，所以负债在合理范围内。

2. 每月还款额 / 每月总收入≤ 1/3。

如果你月收入 4 000 元，却要还 3 000 元的债，那么你很可能会压力太大。

改变小行动

盘点一下你目前的投资，有哪些是债权类投资？

用“聪明债”的标准衡量一下你的债权类投资。如果现在还有同样的机会，你依旧会投资吗？

第八章
巴比伦的城墙

简七导读

明天和意外，你永远不知道哪个先来。

你有没有想过，如果下一秒你将离开人世，你还有多少未尽的义务和责任？你留给家人的是充满希望的明天，还是不堪重负的未来呢？

巴比伦有坚固的城墙作为抵御，而你所面临的风险应该如何转移呢？

那段日子里，老班泽尔（Banzar）——一个坚定的战士，守卫着通向巴比伦古城墙顶端的要道。在那里，勇敢的守卫者们坚守着城墙。这座城墙为居住在城市里的成千上万的居民和他们的财富提供了可靠的屏障。城墙外，敌军的喊杀声与战马的马蹄声震天动地，破城锤撞击在青铜城门上的声音震耳欲聋。

在城门后的街道上，一排排长矛手严阵以待，准备死守城门。

留在巴比伦的军队人数很少，因为主力部队正在国王的带领下远征，与埃兰人交战。没有人预料到当主力部队远征时巴比伦城会遭到袭击。现在，来自北方的亚述人对巴比伦城发动了猛烈的攻击，城里的士兵只能拼死苦守，否则巴比伦城将遭遇灭顶之灾。

班泽尔周围是一群城民，他们个个脸色苍白、心怀恐惧，急切地打探着最新的战事。当亲眼看到一批批受伤或者死亡的士兵从过道上被抬下来，他们心惊胆战。

这是一次残酷的攻击，围城 3 天后，敌人忽然对城门部分发动了最猛烈的进攻。

城墙上的守军用箭和滚烫的油一再击退了用云梯攻城的敌人，当敌人即将登上城头的时候，长矛手则冲上去把他们戳穿。

作为对城墙上守军的反制，敌人的上万名弓箭手向守军发射一排排足以致命的箭雨。

老班泽尔是获得新闻的渠道，他的岗位距离战场最近，所以他每次都能率先听到敌人被击退的消息。

一个年老的商人挤到他身旁，他的手像中风一样颤抖着。

“告诉我！告诉我！”他恳求道，“告诉我他们攻不进来，我的儿子跟着我们伟大的国王出征了，家里没有人可以保护我年老的妻子，还有我的货物，他们会抢走一切，什么都不留下。我们太老了，已经不能保护自己，甚至都没有做奴隶的价值。我们会被饿死的。告诉我，他们不会攻进来。”

“冷静些，好商人，”老班泽尔回答说，“巴比伦的城墙非常坚固，回到市场上并且告诉你的妻子吧，城墙会像保护国王的财富那样保护你们以及你们的财产。现在离城墙近一些，免得飞过城墙的箭落下来伤到你！”

当那个老人退下去后，一个抱着婴儿的妇女挤了上来，焦急地说道：“士兵，城墙上有什么消息吗？告诉我真相，我好回去安慰我可怜的丈夫。他受了重伤，现在还在发烧，但他坚持要穿上盔甲、拿起长矛来保护我和这个孩子。他说如果敌人攻进城来的话，他们会展开可怕的报复。”

“放心吧，你现在是一个母亲，将来还会是的，巴比伦的城墙会保护你和你的孩子，它又高又坚固。你没听到我们那些英勇的战士的呼喊声吗？他们正在把一锅锅滚烫的油泼向云梯上的敌人。”

“是的，我听到了，但我也听到了破城锤撞击我们城门的声音。”

“回到你丈夫身边吧，告诉他城门非常坚固，经得住撞击。另外，爬上城来的敌人也被早已等候在那里的长矛手刺死了。好了，赶紧回家去吧。”

班泽尔站到路边，给装备整齐的增援部队让出路来。他们迈着整齐地步伐，鱼贯而行，青铜的盾牌发出铿锵的声响。这时候，一个小女孩拉了拉他的腰带。

“请您告诉我，我们安全吗？”她恳求着问道，“我听见可怕的响声，我看见人们在流血，我怕极了。我妈妈，我的小弟弟，还有那个小婴儿，我们会遇到什么呢？”

这个年老的士兵眼睛闪闪发亮，他弯下身来安慰这个孩子说：“不用担心，小不点。无论是你和你妈妈，还是你的小弟弟和那个小婴儿，巴比伦的城墙会保护你们的。它可是一百多年前伟大的塞米勒米斯女王建造的，用来保护像你们一样的人。它从来没有被攻破过。回去告诉你妈妈、你弟弟，还有那个小婴儿，巴比伦的城墙会保护他们，他们不用害怕。”

一天又一天，老班泽尔站在他的岗位上，看着一批批增援部队通过，他们坚守城墙并且和敌人激战，直到受伤或者死亡，才从城墙上被抬下来。在他周围，围着一群群惊恐的城民，他们急切地想知道城墙是否能守得住。

对于每一个人的询问，他都带着一种老兵的庄严来回答："巴比伦的城墙会保护你们的。"

26 天过去了，在这段时间里，敌人几乎一刻不停地发动着进攻。

城墙后的通道地面被伤员的血所浸透，然后又被一批批增援部队踏成了泥。看着这一切，老班泽尔的脸色也越来越沉重了。

每一天，敌人也都损失惨重，尸体在城墙下堆积如山，到夜里，敌人就把这些尸体拖回去掩埋。

一直到第 33 天的夜晚，喊杀声仍然没有减弱，但当太阳的第一缕曙光照亮了平原的时候，漫天的尘土暴露了敌军撤退的事实。

城墙上的守卫部队欢呼起来，这种欢呼是不会被误解的，所以在城墙后待命的后备部队也欢呼起来，紧接着，道路上的人们也欢呼起来。

如同激流一般，人们纷纷从自己家里涌出，街道上挤满了欢乐的人。

人们通过极度欢乐的方式释放着这几周积压的恐惧情绪，贝尔神庙的高塔上，胜利的火焰熊熊燃烧，蓝色的烟柱直冲云霄，胜利的消息将传向四面八方。

巴比伦的城墙又一次挫败了敌人的企图，保护了巴比伦城的财富并且避免了它的城民沦为奴隶。在它的保护下，巴比伦享受了几个世纪的安宁。

不可能还有什么比这个例子更好了，巴比伦的城墙给那些渴求安全的人提供了一个杰出的榜样。

这种对安全的需求是人类的天性，它在过去和今天都是一样的，但是今天我们已经可以很好地保护自己了。如今，保险、储蓄，以及可靠的投资为我们筑起了一道坚不可摧的城墙，在这道城墙的保护下，无论不期而至的灾难来自何方，我们都可以保护自己不受侵害。

坚固的工事让我们足以抵御一切灾难。

一起思考：如何用保险为自己转移风险？

巴比伦有城墙抵御敌人的进攻，保护城民与财富，而我们如何建立自己的城墙来抵御各种风险呢？

答案就是：配置保险。

配置保险的核心目的就在于，用尽可能少的钱，为自己撬动尽可能多的保障。那么保险究竟应该怎么买呢？简七想告诉你一招——保险规划三步走。

第一步：确定给谁买。

很多人很爱自己的孩子、很有孝心，买保险先考虑家里的宝宝和老人。其实，这并不合理，我们首先应该考虑的是家中的主要劳动力。当意外来临时，我们都希望自己家人的生活还可以维持往常的水平，不要受到太大的影响，而最能影响家人生活质量的，就是家中的主要劳动力。毕竟，保险是一份对家人深切的责任心和爱，保险的核心就是用来转移这种极大风险的。

但是咱们并不是说不能为孩子和父母买保险，而是在保险种类的选择和保费的分配上，应该优先考虑家里的主要劳动力，将他们的保险配置好后，如果保费等其他条件允许，再去配置老人和孩子的保险。

第二步：确定买什么。

在了解了应该买给谁之后，我们来看看面对五花八门的险种要如何选择。这里给大家总结了需要考虑的“两个优先”。

1. 优先考虑对重大风险的保障。从人的风险看，死亡、疾病医疗（尤其是重大疾病）、意外是我们面临的主要风险。因此，寿险、重大疾病保险、意外险是每个家庭的经济支柱都值得考虑的保险种类，预算充足的条件下还可以考虑将医疗险作为补充。

2. 优先考虑保险的保障功能，而非投资属性。

尤其在预算有限的情况下，消费型的保险更值得考虑。

第三步：确定保额是多少。

保额的确定是比较复杂的，针对不同的保险种类，保额确定的方法也是不同的。

★ 关于保额的确定，欢迎大家关注“简七读财”公众号，后台回复“古巴比伦”获得更详细的确定方法。

改变小行动

1. 你认为，家中哪些人最需要保险保障？他 / 她都需要针对哪些风险做保障？
2. 在今年完成你的家庭保险配置。

第九章
巴比伦的骆驼商人

简七导读

上个月，你的信用卡、花呗、白条……加起来花了多少钱？

你用过分期还款的功能吗？

现在很多APP都不动声色地把默认付款方式改为自家的消费贷款，营造出一种“无痛感消费”的假象。即使还不上，你还可以选择分期还款。

我们曾帮多位背负卡债的小伙伴算过，分期还款的实际利率其实超过10%。越来越多的消费刺激与越来越方便的借款途径，让我们可能离负债的蝴蝶效应又近了一些。

这些你意识到了吗？

一个人肚子越饿，头脑越清醒，对食物的气味也越敏感。

塔卡德（Tarkad）——阿祖尔（Azure）的儿子，一定也同意这种观点。两天内，如果不把在人家园子外偷摘的两颗无花果算在内的话，他可以说是粒米未进。当他试图去摘第三颗的时候，一个愤怒的妇女冲了出来，将他赶到了大街上。当他穿过市场的时候，女人那尖刻的斥骂声还在他耳边回响。这斥骂声使他管住了自己那蠢蠢欲动的手指头，它们当时正试图从一个女商贩的篮子里偷取水果。

此前，他从没注意过巴比伦的市场上有如此多的美味，并且散发着诱人的香气。离开市场，他走近一家餐馆，在它面前徘徊。或许他可以在这里遇见某个认识的人，从而借来几枚铜币，好让那态度恶劣的餐馆老板给他个笑脸。他明白，没有钱他在哪都得不到好脸色。

当他正在胡思乱想时，忽然发现，自己最不想见到的一个人——又高又瘦的骆驼商人达巴希尔（Dabasir）——出现在了他面前。在所有借给他钱的人当中，达巴希尔最让塔卡德感到内疚，因为塔卡德总是不能像当初许诺的那样很快还钱给他。

当达巴希尔看到塔卡德的时候，眼睛一下子亮了起来，说道：“啊哈，塔卡德？这不是我正在找到那个人吗？他该把两个月前借我的 2 枚铜币还给我，还是在那之前借我的 1 枚银币呢？既然今天我们遇上了，我就能好好利用一下从你这儿讨回来的这笔钱了。孩子，你说呢？”

塔卡德脸都红了，说话也结结巴巴的。饥肠辘辘的他根本没有力气和这个口无遮拦的达巴希尔争吵。“对不起，真的对不起。”他有气无力地支吾着，“我今天既没有铜币也没有银币可以还给你。”

“那就去挣钱，”达巴希尔不依不饶地说，“你总能挣到几枚铜币和银币来还给你父亲的老朋友的，他可是在你需要钱的时候慷慨地向你伸出了援手。”

“由于不幸的命运，我现在真的没办法还钱。”

“不幸的命运！人总是喜欢把自己的问题归在神的头上。不幸会一直追随那些只想借钱而不想还钱的人。跟我来，孩子，我饿了，在我吃饭的时候，我要讲一个故事给你听。”

面对直率的近乎粗鲁的达巴希尔，塔卡德有点畏缩。但他至少可以确定，达巴希尔现在是在邀请他进餐馆去吃饭。

达巴希尔把他推到餐馆里一个偏僻的角落，两个人在垫子上坐了下来。

当考斯克（Kauskor）——这家店的老板，笑着迎上来的时候，达巴希尔用他那一贯随意的方式说道："你这只沙漠里的肥蜥蜴，给我来条羊腿，烤成棕色，另外要多淋些果汁，再给我拿些面包和各种蔬菜，我今天饿坏了。再给我这位朋友来点水，要凉的，因为今天太热了。"

塔卡德的心沉了下去，难道他得在这里喝着凉水看这个人津津有味地大嚼羊腿吗？他什么都没说，他想不出可以说些什么。

然而，达巴希尔像什么都没察觉到一样，面带微笑，很自在地和店里的其他顾客打招呼，这些人都认识他。然后他接着说下去："我听一个从乌尔法回来的旅人说起一件事情，在乌尔法有个有钱人，他有一块切割得非常薄的石头，那块石头薄得可以使人透过它看到东西。那个有钱人把它装在了窗户上。那个旅人说，它是黄色的，他被允许通过那块石头往外看，他发现透过石头所看到的世界非常奇特，完全不同于现实的世界。你怎么看，塔卡德？想象一下，一个人可能看到世界呈现出与现实世界不同的颜色吗？"

"我敢说那是可能的。"年轻人顺口回答道。此时，他对达巴希尔面前放着的那条肥羊腿更感兴趣。

“我也相信，因为我也曾经看到完全不同于其真实面目颜色的世界。下面我要用一个故事说说我是如何发现世界真实面目的。”

“达巴希尔要讲故事了。”邻座一个食客低声对他的同伴说，同时他把自己的坐垫向达巴希尔这边拉近了一点。其他食客也带着他们的食物围成半圆坐在达巴希尔的周围，而他们咀嚼食物的声音在塔卡德的耳边诱惑着他。只有他一个人什么吃的都没有，达巴希尔没有分给他任何食物，甚至都没有暗示他可以捡起掉在地上的面包屑吃。

“我要讲的这个故事，”达巴希尔停下来美美地咬了一大口羊腿，才继续说道，“是关于我早年的生活以及我是如何成为一个骆驼商人的。你们有谁知道，我曾经是叙利亚的一个奴隶？”

听众中响起了一阵诧异的低语声，这让达巴希尔感到非常满意。

“当我还是个年轻人的时候，”达巴希尔又啃了一口羊腿之后接着说下去，“我在我父亲的店里帮工，跟他学习制作鞍子的手艺，还娶了妻子。因为技术不够熟练，所以我赚得很少，只能用最节约的方式来养活我的好妻子。我看上了很多好东西，但我都买不起。不久之后，我发现那些店主们都非常信任我，在我没钱支付的时候同意我赊账。

“作为一个没有经验的年轻人，我完全没有意识到：让自己的消费远远超过收入是一种极不负责的自我放纵，而这必将给自己带来无尽的麻烦与耻辱。我尽情地购买新衣服，并给我的妻子和家人购买各种奢侈品，在我还支付得起的时候，一切都非常好。但很快我发现，我的收入无法同时用来支付生活所需和偿还债务。债主们开始追着我讨还债务，而我的生活也陷入了悲惨的境地。我向我的朋友们借钱，但无力偿还。情况一天天恶化下去，我的妻子离开我，回到了她父亲身边。最后，我决定离开巴比伦前往另外一个城市，希望在新的城市里，我可以有更好的机会。我为骆驼商队工作了两年，那是一段艰苦而又失败的日子。在那之后，我失足进入了一个强盗团伙，专门抢劫沙漠中没有武装的商队。我的行径对我的家族而言是个耻辱，但正如通过有色石头来看世界那样，当时的我完全没有意识到我堕落到了怎样的境地。

“第一次抢劫很成功，我们抢到了许多金子、丝绸还有其他有价值的货物。我们把抢来的战利品带到了吉尼尔（今属埃塞俄比亚），并且将其挥霍一空。但是第二次我们就没有那么幸运了，在我们刚刚要动手抢劫的时候，我们被当地的武装力量所袭击，因为商队向他们的首领支付了保护费。我们的两个首领被杀，而其余的人被带往大马士革，在那里，我们被剥去衣服当作奴隶卖了。

一起思考：为什么你会背上债务？

看到负债这个词，大多数人第一感觉肯定是不舒服。因为我们每次还贷款，除了本金，还要支付一部分利息，可见借钱并不是件正收益的事情。既然如此，为什么还有那么多人会背上债务呢？这是因为我们的能力满足不了欲望。其实我们每个人都有暂时无法满足的欲望，有的人会把欲望控制在自己能力范围之内，有的人则选择放纵自己，靠赊账和借钱来挥霍度日，最后负债累累沦为金钱的奴隶。心理学上有一个很经典的例子可以解释这样的行为。

1968年美国斯坦福大学做了一个著名的“棉花糖实验”，心理学家找了数百个幼儿园孩子参与实验。实验开始时，每个孩子面前都摆着一块棉花糖。孩子们被告知，他们可以马上吃掉这块棉花糖，但是假如能等15分钟再吃，那么他们就能得到第二块棉花糖。结果，有些孩子马上把糖吃掉了，有些孩子等了一会儿也吃掉了，有些孩子则等待了足够长的时间，得到了第二块棉花糖。谁都知道等15分钟就可以吃两块，但有的孩子能克制住自己，有的孩子则抵挡不住眼前的诱惑，抵挡不住诱惑的孩子获得“延迟满足感”的能力天生比较低。经常负债的人就像忍不住吃糖的孩子，看到喜欢的东西马上就要得到，根本不考虑后果。

“叙利亚一个沙漠中的头领用2枚银币买下了我。我的头发被剃光，腰间也只围了一块布，和其他奴隶没有什么两样。作为一个鲁莽的年轻人，我依然觉得这只不过一次冒险。直到我的主人把我带到他的 4 个妻子面前，告诉她们，如果她们愿意的话，就把我阉割后去服侍她们。

“那个时候，我才确确实实地感到绝望。这些沙漠居民通常都蛮勇好战，而我既没有武器，也想不出逃跑的方法，只能任其处置。当他那 4 个妻子打量我的时候，我恐惧地僵立在那里，不知道能否得到她们的怜悯。西拉（Sira），他的第一个妻子也是 4 个妻子中年龄最大的，她面无表情地看了我一会儿，我带着些许不安从她面前转开。他的第二个妻子是个高傲的美女，她漠不关心地看了我一眼，仿佛我只是地上的虫子。另外两个妻子则在嗤嗤发笑，仿佛这一切都是很有意思的笑话。

“我在那里等待宣判，仿佛已站了一个世纪，每个人看起来都希望由别人决定，最后西拉冷冰冰地开口了：‘我们已经有足够多被阉割的人了，但是我们只有几个照顾骆驼的人，而且那几个人也都是些废物。我母亲病了，我要去看她，但我不放心把我的骆驼交给现在那几个人牵着。问问这个人他是否会照管骆驼吧。

“我的主人问我：‘你懂得如何照料骆驼吗？’

“我抑制住激动的心情，回答说：‘我懂得如何让它们跪下，也懂得如何给它们装卸货物，我还可以不知疲倦地带它们

长途跋涉，如果有必要，我还可以修理骆驼鞍子和辔头。'

"'这个奴隶懂得不少，'我的主人说，'西拉，如果你愿意的话，带他去照顾你的骆驼吧。'

"就这样，我开始跟随西拉，当天我就牵着她的骆驼陪她去看望她生病的母亲。我找了个机会向她道谢，并且告诉她我并不生来就是奴隶，而是一个自由人的儿子，我父亲是巴比伦一位可敬的制鞍师傅。我还告诉了她很多关于我的故事，她对我所做的评论一开始让我迷惑，而接下来则让我深思。

"'当你的缺点使你沦落到这个地步时，你怎么还能说自己是一个自由人呢？如果一个人有一个奴隶般的灵魂，那么无论生为何种身份，他只能是一个奴隶，就如同水不会往高处流一样。相反地，如果一个人有独立的灵魂，那么就算他遭遇不幸，也可以在自己的城市里获得尊敬和荣耀。'西拉说道。

"一年来，我作为一个奴隶和其他奴隶住在一起，但我没有变成他们中的一员。一天，西拉问我：'每天晚上当其他奴隶在一起享受伙伴之间的乐趣时，为什么只有你一个人坐在帐篷里？'我回答说：'我一直在深思你从前对我说的话，我不知道我是否有着奴隶般的灵魂，我不想成为他们中的一员，

所以我必须和他们分开。’

“‘我也需要自己待着，’她对我坦白说，‘我有一大笔嫁妆，而这就是我丈夫和我结婚的原因。其实他并不爱我，而每个女人都渴望被人爱慕。因为他对我的感情不深，加上我至今都没能生下孩子，所以我总是独坐一旁。如果我是男人，那么我宁死也不愿意做这样的奴隶，而我们部落的风俗使每个女人都变成了奴隶。’

“‘那么现在你如何看待我呢？’我忽然问她，‘我的灵魂是属于一个自由人的还是一个奴隶的？’

“‘你想还清你在巴比伦欠下的债务吗？’她回避我的问题，反问道。

“‘是的，我很想还清，但我现在没有什么办法。’

“‘如果你甘于让岁月流逝而不去做任何努力的话，那你就只拥有一个卑贱的奴隶般的灵魂。没有哪个欠债不还的人会尊重自己，同样地，也不会得到别人的尊重。’

“‘但是我，一个叙利亚人的奴隶，又能做些什么？’

“‘在叙利亚做一辈子奴隶吧，你这个懦夫。’

“‘我不是懦夫。’我断然否认。

“‘那就来证明一下。’

“‘怎么证明？’

“‘伟大的国王难道不是通过种种方式和努力来与他的敌人作战吗？这些债务就是你的敌人，它们将你赶出了巴比伦，你把它们留在那里，让它们变得更加强大。如果一开始你就勇敢地和债务作战，你很可能已经战胜它们，并且获得了人们的尊重。而如今，由于你没有和它们作战，你失去了你的荣誉，最终变成了叙利亚人的奴隶。’

“我反复思索她那不客气的指责，同时也想了很多反驳的话来证明我不是生来的奴隶，但这些话我没有机会再说了。3天后，西拉的侍女来带我去见她的女主人。

“‘我妈妈又病得很厉害，’她说，‘去我丈夫的畜棚里牵两匹骆驼，给它们装备好鞍子。带上长途旅行用的水囊和其他东西，然后去后面的帐篷找我的侍女，她会把路上吃的食物给你。’

“我给骆驼装好了行李，但很奇怪为什么侍女准备了这么多食物，因为去西拉的母亲家只需要不到1天的路程。我牵着女主人的骆驼走在前面，侍女骑着另一匹骆驼跟在后面。当我们到达西拉母亲家的时候，天刚刚黑下来。西拉把侍女打发之后对我说：‘达巴希尔，你拥有自由人的灵魂还是奴隶的灵魂？’

"'当然是自由人的灵魂。'我坚持说。

"'现在你有个机会来证明自己，你的主人和其他人现在都喝醉了，趁现在带着这几匹骆驼逃走吧。这个袋子里是你主人的衣服，穿上它们，就没人会发现你是个奴隶。我会说你趁我探望生病的母亲时，偷了骆驼逃走了。'

"'您拥有女王一般高尚的灵魂，'我告诉她，'我真希望能带您一起离开，让您也得到幸福。'

"'那些逃离丈夫、远走他乡的妻子，是无法在一群异乡人中间找到幸福的。'她回答我说，'走你自己的吧，你要走的路很遥远，而水和食物都很少，愿沙漠之神保佑你。'

"我不等她再催促，在对她表示了感谢之后，就逃入夜色之中。对这个城市，我不甚了解，所以我对巴比伦的方位只有一个模糊的判断，但我依然鼓起勇气，穿越沙漠，向群山的方向奔去。我骑在一匹骆驼上，同时牵着另一匹。我夜晚赶路，到了白天则潜伏下来，因为我知道一个偷走主人财产并且逃跑的奴隶如果被抓到会有什么样的厄运。

"第二天临近傍晚的时候，我来到了一个如同沙漠一般荒凉的城市，锋利的岩石让我的骆驼伤到了蹄子，它们走得很痛苦，速度也明显慢了下来。在这里，我没有遇到一个人，也没有遇到一只野兽，我明白人们为什么抛弃了这里。

“很少有人能在这样的长途跋涉中活下来，我们一天天的缓慢前行，水和食物都已经耗尽了，烈日无情地炙烤着我。到第九天的傍晚，我从骆驼背上摔了下来，我感到我是如此虚弱，以至于连爬上骆驼的力气都没有了。我感觉我要死了，死在这被人遗弃的城市里。我摊开四肢躺在地上睡着了，直到次日早上的第一缕日光把我唤醒。我坐起来，环顾了一下四周，清晨的空气十分凉爽，我的骆驼无精打采地卧在不远处。在我周围，是一个被黄沙与岩石所覆盖的早已被遗弃的城市，没有水，也没有食物可以提供给人或者骆驼。

“难道我的一生就要在这如此安静的地方结束吗？我的头脑从来没有像当时那样清醒过。我的身体似乎没有那么重要了，而那干裂的嘴唇、肿胀的舌头，以及空荡荡的胃，似乎也不像前一天那样让我感到痛苦了。我看着漫无尽头的远方，再一次想起了西拉问我的问题，我拥有一个奴隶的灵魂还是一个自由人的灵魂？我清醒地意识到，如果我只拥有一个奴隶的灵魂的话，我就应该放弃，躺在沙漠里等死，这是最适合逃亡奴隶的一个结局。

“但如果我拥有的是一个自由人的灵魂呢？那又会怎么样？当然，我会坚持着回到巴比伦，把我欠的钱还给那些信赖我的人，给深爱我的妻子带来幸福，给我的双亲带来宁静与欢乐的生活。

“那些债务是我的敌人，它们把我赶出了巴比伦。西拉曾这样说过。是的，为什么我不能像一个真正的男子汉那样坚守阵地呢？为什么我让我的妻子去寻求她父亲的庇护呢？

“这时候，奇迹发生了，整个世界在我眼中发生了翻天覆地的变化，就如同长期以来遮挡在我眼前的有色石头薄片被移走一般。我终于意识到了生命的真正价值所在。

“死在沙漠里？绝不！在新的视野下，我看到了我必须完成的使命。首先，我要回到巴比伦，去面对那些我没有偿还他们债务的人。我要告诉他们我这些年来的不幸遭遇，同时告诉他们，我已经回来了并且会尽快还钱。接下来，我会给我的妻子一个温暖的家，并且让我父母为我自豪。

“我的债务是我的敌人，那些借给我钱的人却都是我的朋友，他们都非常信任我。

“我挣扎着站起来，饥饿算得了什么，干渴算得了什么，相比于我要回到巴比伦而言，它们不过是些小事。我的心中激荡着一个自由人的灵魂，我要回去击败敌人，同时回报我的朋友。我为我自己的这一重大决定振奋不已。

“我沙哑的声音中一定有了某种不一样的东西，因为听到我的声音，我的骆驼都打起了精神，它们眼睛里闪着亮光，在努力地挣扎后，它们也站了起来，缓慢地向北方进发。我内心的某个声音告诉我，向着这个方向走一定能够到达巴比伦。

“我们找到了水源，来到了一个繁荣得多的城市，在那里有青草和水果。我们找到了回巴比伦的路。对于一个拥有自由灵魂的人而言，生命就是一系列等待被解决的问题，他可以成功地将其解决掉。而对于一个有着奴隶灵魂的人而言，他只能哀叹：‘我能做什么呢？我只不过是个奴隶。’

“怎么样，塔卡德？饥肠辘辘是不是让你感觉格外清醒？你有没有准备走上那条使你重新获得尊敬的道路？你是否看到了世界真实的色彩？你是否愿意还清你的债务，使你再一次在巴比伦城中获得人们的尊重？”

年轻的塔卡德眼眶湿润了，他急切地挺直了身子，说道：“你让我看到了一个全新的世界，我已经感觉到在我体内有一个自由人的灵魂在激荡。”

“你回来之后又发生了什么呢？”一个对达巴希尔的经历感兴趣的听众问道。

“当一个人下定决心做某件事的时候，就一定能找到方法。”达巴希尔回答说，“我当时已经下定了决心，所以我开始着手寻找解决债务问题的方法。首先，我去拜访了所有借钱给我的人，请求他们宽限些时间，好让我有时间挣到足够的钱来还给他们。大部分人都很友善地对待我。虽然有些人责骂我，但也有些人给予我帮助。有一个人在我需要的时候给了我很大的帮助，那个人就是马松，一个巴比伦的借贷商人。当得知我在叙利亚照顾过骆驼之后，马松让我去找老内巴特（Nebatur），老内巴特是一个骆驼商人，国王最近委派他去采购一大批远征用的骆驼。在他那里，我那些关于骆驼的知识有了用武之地。慢慢地，我还清了我欠下的每一分钱。最终，我可以仰起头，作为一个有尊严的人，站在人们中间。”

达巴希尔的目光再一次转向了他的食物。“考斯克，你这只蜗牛，”他冲着厨房大喊，“食物都凉了，再给我多拿些刚烤好的肉来，也带一份来给塔卡德，这个我老朋友的儿子已经饿得要把我吞下去了。”

达巴希尔，这个巴比伦城的骆驼商人的故事到这里就结束了。他在意识到一个伟大的真理的同时也找到了自己自由的灵魂，而这个真理远在他的时代之前，就已经为那些智者所熟知并被应用了。

千百年来，这一真理指引无数处于困境中的人走向成功，同时它也会指引那些能够意识到它那神奇魔力的后来人。这一真理就是：有志者，事竟成。

改变小行动

如果你的负债让你觉得有压力，不妨试试下面这些方法。

1. 梳理一下你的债务，算清自己的负债率（负债率 = 总负债 / 总资产），如果负债率超过了 50%，说明你的负债情况真的不算乐观。
2. 如果一些即将到期的或者借款利率过高的债务让你的还款压力非常大，你可以考虑用低利率的新债置换这些旧债，比如，可以先向父母或比较亲密的朋友借一笔“无息借款”，把那些已经到期或者即将要到期但你目前无力偿还的债务还清。

3. 从心态和行动上，明确地制订一个还款计划，并积极执行下去。

（1）认真清点每一笔借款，明确每一笔借款的每一次还款日。

（2）针对每一笔借款，在“还款清单”上依次填写还款方案，能还上的用特殊颜色标记。仔细盘算一番，你会发现可动用的资源也还不少。

	1月			2月			3月		
还款对象	1月7日	1月15日	1月28日	2月7日	2月15日	2月28日	3月7日	3月15日	3月28日
中国工商银行									
中国建设银行									

（续表）

	1月			2月			3月		
还款对象	1月7日	1月15日	1月28日	2月7日	2月15日	2月28日	3月7日	3月15日	3月28日
中国建设银行									
招商银行									
交通银行									
车贷									
朋友									
……									
还款总额									
还款方案									
工资结余									
利息收入									
二手转让									
……									
还款总额									

★ 想了解日常你可以使用的借款渠道有哪些，欢迎关注“简七读财”微信公众号，后台回复“古巴比伦”查看。

第十章
巴比伦的泥板

简七导读

时间穿越到现代，通过泥板，达巴希尔还清债务的智慧也帮助了考古学教授阿弗雷德·H. 什鲁斯伯里（Alfred H. Shewsbury）。

如果你有了一笔债务，你是如何还债的呢？你有没有想过自己的还款比例是不是健康呢？

圣斯威森学院

诺丁汉大学

特伦特河畔纽瓦克

诺丁汉

富兰克林·凯尔德威尔（Franklie Caldwell）教授，

英国科学探险队，

希拉，美索不达米亚，

1934 年 10 月 21 日

亲爱的教授：

您近日从巴比伦废墟中发掘出的5块泥板和您的信同船抵达。我被这些泥板的内容深深地吸引了，因为翻译泥板上的文字，我度过了愉快的几个小时。本该马上给您回信，但最终我还是决定等翻译完泥板上的全部文字再向您致意。

泥板能完好无损地到我的手中，要归功于您在邮寄时对其进行了谨慎又完美地打包。您一定会像我们实验室里的人一样，对这些泥板上记录的故事感到惊讶。有些人可能会认为，泥板上记录的是浪漫而惊险的古代故事，就像《一千零一夜》（*Arabian Nights*）那样。但事实上，泥板上记录的是一个叫达巴希尔的人如何还清自己的债务。从泥板上的文字我们可以看到，尽管已经过去了5 000年，那个古老的时代和今天依旧有着太多的相似之处。

你知道，这很奇怪，用学生的话来说，这些古老的记录让我有些“抓狂”。作为一个教授，我被认为是一个有理性思维、有较强实践意识的人。然而，这些在巴比伦城废墟下被发掘出来的泥板给我提供了一种从未听过的偿还债务的方法，非但如此，它们还教会我如何让钱包充盈起来。

我得承认，证明泥板上记录的方法在今天是否还能适用，是个有趣且令人愉快的想法。我的夫人和我打算把这个方法应用到我们自身的财务问题上，以此实验一下，而且我们的财务状况也需要有所改善了。

向您致以最高的祝福，并期待能再次为您效劳。

阿弗雷德·H. 什鲁斯伯里

考古学系

1 号泥板

我，达巴希尔，一个刚刚从叙利亚逃回来的奴隶，下定决心要还清我欠下的所有债务，并成为一个在我的故乡——巴比伦城受人尊重的人。在今天这个月圆之夜，我把我的财务计划刻在泥板上，并将其永久保留，此后我坚决执行这一财务计划，希望最终实现我的目标。

我的好朋友马松——一个借贷商人，给我了明智的建议。我决定严格执行一个精确的计划，马松认为，这个计划可以让任何有尊严的人摆脱债务的纠缠，重获自信。

这一计划可以实现我的三个目标。

第一，这个计划会让我在未来变得富有。

为此，我必须把收入的1/10保留下来，作为我的储蓄。因为马松说得很有道理："一个钱包里装着金币或者银币的人，不仅能给家庭带来幸福，也会确保对国王忠诚。一个钱包里没钱的人，不仅会对他的家人冷漠无情，也会对国王的事业漠不关心。当一个人钱包空空如也的时候，由于内心的痛苦，他只会给家庭带来不幸，同时也很容易背叛他的国王。正因为如此，一个想要获得成就的人，必须得先让他的钱包装满金钱，这样他才可能对家庭充满爱，并且忠诚于他的国王。"

第二，这个计划可以使我为我的妻子提供丰衣足食的生活。

她如今已经带着对我的忠诚，从她父亲家回到我的身边了。因为马松指出，照顾好自己忠实的妻子，可以使一个人获得尊严，从而使他更有力量和决心去实现自己的目标。因此，我用70%的收入来养家糊口，为我的妻子购买美丽的衣服，同时这部分收入还会用以负担我们生活中的一些享受和乐趣。马松还强调，我最应该注意的就是，为了实现未来的目标，我现在的消费金额一定要控制在收入的 70% 之内，这是成功的关键所在。

我必须只依靠这 70% 的收入来生活，不能超出这个预算，并且绝对不能购买那些超出我支付能力的东西。

2 号泥板

第三，这个计划能让我凭借自己的收入还清债务。

为此，每个月的月圆之夜，我都要拿出我收入的 20%，以公正的方式，不偏不倚地把这些钱还给那些信任我并且把钱借给我的人。这样一来，到了一定时间，我的债务就会偿清。为此，我要在这里记下每一个借钱给我的人的名字，并且如实记录下我的债务。

法弗（Fahru），织布工，2 枚银币、6 枚铜币。

辛加（Singar），家具匠，1 枚银币。

阿玛尔（Ahmar），我的朋友，3 枚银币、1 枚铜币。

赞卡尔（Zankar），我的朋友，4 枚银币、7 枚铜币。

阿斯卡米尔（Askamir），我的朋友，1 枚银币、3 枚铜币。

哈因斯尔（Harinsir），珠宝匠，6 枚银币、2 枚铜币。

迪尔贝克尔（Diarbeker），我父亲的朋友，4 枚银币、1 枚铜币。

阿尔卡哈德（Alkahad），房东，14 枚银币。

马松，借贷商人，9 枚银币。

比瑞吉柯（Birejik），农夫，1 枚银币、7 枚铜币。

（以下部分损毁，无法辨识）

3 号泥板

我一共欠了 119 枚银币和 141 枚铜币。我欠了这么多钱，由于找不出偿还的方法，我愚蠢地让妻子回到了她父亲家，自己则背井离乡去寻找轻松致富的途径。而我找到的只有灾难，眼睁睁地看着自己成了奴隶。

如今，马松告诉了我如何用我一小部分的收入来还清债务，这使我意识到，当初不负责任地从债务中逃离是一种多么愚蠢的行为。因此，我拜访了所有的债主，告诉他们，我只能用我的收入来还清他们的债务。我每个月都会拿出 20% 的收入来偿还债务，而我也只能做到这么多。只要他们对我有足够的耐心，我就一定能还清所有的债务。

阿玛尔——我曾认为他是我最好的朋友，把我痛骂了一顿，我羞愧地离开了。比瑞吉柯——那个农夫，恳求我先把钱还给他，因为他现在急需用钱。阿尔卡哈德，我的房东，坚决不同意我的请求，并且威胁说如果不把他的债务及时还清，他就要找我的麻烦。

而其他人都接受我的建议，这就让我更加坚定了执行计划的决心，同时我也确信还清债务要比逃避债务容易得多。尽管我不能满足一小部分债主的要求，但我会公平地对待每个人，以偿还欠他们的债务。

4 号泥板

一个月圆之夜到了，这个月里，我一直在努力工作，同时保持着自由的灵魂。我的妻子也支持我偿还债务的想法。由于我们明智的决定，在过去的一个月里，我通过为内巴特买卖健壮的骆驼，就赚到了 19 枚银币。

我按照计划对这笔钱进行了分配。我把 1/10 储蓄起来，7/10 用来支付我和妻子的日常生活开销，剩下的 2/10 平均地分还给了我的债主们。我没有见阿玛尔，只是把钱交给了他的妻子，比瑞吉柯激动地想要亲吻我的手，只有老阿尔卡哈德抱怨我应该更快地把钱还给他，对此我回答说，我只有首先保证自己没有后顾之忧，才有可能更快地还钱。至于其他人，他们在感谢我的同时，对我的努力都大加赞赏。

到这个月底，我的债务已经减少了大约 4 枚银币。此外，我还为自己攒下了 2 枚银币。我的心情从未像现在这样轻松。

在又一个月圆之夜到来前，我一直辛勤工作，但收效甚微。我没能买到几头骆驼，只赚了 11 枚银币。尽管如此，我和妻子还是决心执行这个计划，哪怕我们都不买新衣服并且只吃很少的蔬菜。

和以前一样，我还是把这 11 枚银币的 1/10 支付给我自己，7/10 拿来维持家用，2/10 用来还债。让我惊奇的是，阿玛尔居然称赞了我，尽管我还给他的只是很少的一笔钱，而比瑞吉柯也是如此。阿尔卡哈德还在抱怨，但我告诉他，如果不想要这笔钱，那么他可以还给我，他也就闭嘴了。而其他人则和以前一样表示很满意。

又一个月圆之夜到了，我的内心充满了喜悦。我发现了一批骆驼，并且从中买到了几头好的，这笔交易让我赚到了42枚银币。这个月，我和我的妻子买了我们急需的鞋子和衣服，同时也买了肉来改善我们的伙食。

我们拿了8枚银币去偿还债务，这一次，就连阿尔卡哈德都没有抱怨什么。

这个伟大的计划不仅让我们摆脱了债务，还让我们拥有了属于自己的财富。

从我上一次在泥板上刻字至今，已经经历了3个月圆之夜，无论生活如何艰难，我都坚持把收入的1/10留作储蓄，7/10用来维持家用，其余的2/10则拿去还给债主。

如今，我已经攒下了21枚银币，这让我可以昂首挺胸，骄傲地走在朋友中间。我的妻子把家料理得非常好，她自己也变得更优雅了，我们一起生活得非常幸福。

这一计划的价值无法用语言来表达，它成功地把一个从前的奴隶变成了一个有尊严的人。

一起思考：计划的价值

没有计划的人生是极其糟糕的，你只能听凭欲望的主宰；而一旦有了计划，你就会考虑事情的轻重缓急，工作和学习起来也更有效率。所以想要摆脱债务光有决心还不够，一定要制订出计划才行。

5 号泥板

当月圆之夜再一次到来时，我发现距离上次在泥板上做记录已经过了很久。12 个月的时间过去了，但今天我不会忘记做记录，因为到今天为止，我已经还清了我所有的债务。今天，我和妻子怀着激动的心情，欢庆我们的目标终于实现了。

当我最后一次去拜访我的债主们时，发生了许多让我难以忘怀的事情。阿玛尔向我请求宽恕，希望我原谅他此前种种不友好的言行，并且表示我是他最希望结交的朋友。

至于老阿尔卡哈德，他毕竟没有那么坏，他对我说：“你曾经是一块柔软的泥巴，任何人都可以挤压你，让你变成任意形状。如今你已经成为一块青铜，有能力保持自己的棱角。以后如果你需要钱的话，就尽管来找我吧。”

他不是唯一一个高度赞扬我的人，其他很多人在和我说话时也变得和从前不同了。我的妻子看我时的眼神，也能让我感受到作为男子汉的信心。

这个计划成就了我，它不仅让我还清了债务，还让我的钱包装满了金钱。我向所有有追求的人推荐这个计划。如果它能让一个曾经的奴隶还清债务并成为富有的人，那么它怎么会不能帮助其他人实现财富独立呢？至于我本人，我并没有停止执行这个计划，因为我相信，如果我继续执行这个计划的话，我将会成为一个富有的人。

圣斯威森学院

诺丁汉大学

特伦特河畔纽瓦克

诺丁汉

富兰克林·凯尔德威尔教授，

英国科学探险队，

希拉，美索不达米亚，

1936 年 11 月 7 日

亲爱的教授：

如果您在对巴比伦废墟进一步的发掘过程中恰巧遇到了一个名叫达巴希尔的鬼魂的话，请代我向他致意，他在当年是巴比伦的一个骆驼商人。请您告诉他，他因为当初刻在泥板上的内容，在经历了千年岁月之后，得到了一对英国教授夫妇衷心的感谢。

您想必还记得，两年前我给您写信说我和妻子打算执行泥板上的计划，用以偿还我们的债务，同时让我们变得富有。您大概也能猜到，尽管我们极力瞒着朋友们，但我们当时的财务状况真的已经处于崩溃的边缘。

因为有大笔的债务缠身，我们这些年一直过着惶恐又耻辱的日子。我们深恐那些债主们会把我们欠债的事情张扬出来，从而使我失去大学的教职。我们从收入中挤出一个又一个的先令（英国的旧辅币单位。——编者注）拿来还债，可这还远远不够。因此，我们不得不继续借钱以支付我们所必需的一切，尽管这样会使我们的债务雪上加霜。

我们陷入了一种恶性循环，经济状况变得越来越差，我们在无望地挣扎着。我们没法搬去一家更便宜的房子，因为我们欠了房东的钱。没有任何迹象显示我们的处境可以得到改善。

然而，您的旧相识——巴比伦的老骆驼商人，带着他的计划出现了。我们希望执行这一计划，因为他的故事鼓舞着我们向他学习。我们也制作了一份债务清单，我带着这份清单，去拜访了我的每一位债主。

我向每一位债主解释，按照以前的方式，要还清我所有的债务是多么不可能。从债务清单上，他们也能清楚地看到这一点。然后，我对他们说，能让我还清债务的唯一方法就是我每个月拿出收入的20%按比例还给他们，这样一来，我可以在两年多的时间里还清所有的债务。此外，我还可以通过用现金还款和现金付账使他们得到更多的好处。

我的债主们真的都非常正派。我们的果蔬商人——一位智慧的老人，他把我的计划用另一种方式表达出来：“如果你为你买的东西付钱，同时又多拿出一些钱来还债，那么肯定会比以前的情况要好，因为在过去的3年里，你始终都是在赊账。”这就成功地说服了其他人。

最后，我成功地和所有的债主签订了协议：只要我每个月按时把我收入的20%拿来还债，那么他们就不能来打扰我们。然后我们开始计划如何用70%的收入来维持我们的生活，并决心留出10%的收入来让我们变得富有。拥有黄金白银的想法总是诱人的。

做出改变的感觉就如同在经历一场冒险，计算如何用70%的收入过上舒适的生活，这种方式让我们感到很高兴。从房租开始，我们成功地削减了一笔开支。接下来，我们放弃了对品牌茶叶的偏爱。起初我们带着怀疑的态度去尝试，但很快我们就惊喜地发现，我们可以用比原来低得多的价格，买到品质更好的茶叶。

对于一封信而言，这个故事太长了。但无论如何，用70%的收入来维持生活并不是困难的事。我们成功地执行了这个计划，并为之欢欣鼓舞。不再被旧债的阴影所笼罩，我们的生活过得轻松多了。

尽管如此，我还要给你讲讲剩下的那10%的收入，这部分收入是我们用于储蓄的。我们在相当长一段日子里都是这样存钱的。

先不要急着嘲笑我们，这是最有趣的部分。真的很有意思，当你开始攒钱的时候，你就不会想花钱了。比起花钱，看着钱不断地增多要更加有乐趣。

当我们存了一笔可观的钱之后，我们又为这笔钱找到了更加有利的用途。我们把它拿去投资，这样一来，每个月我们可以拿到 10% 的回报。这是我们收入中最令人满意的一部分，这笔收入对我们还清债务大有裨益。

得知我们的投资在稳步增长，我们有了一种巨大的安全感。当我结束教学生涯时，这笔投资将会成为巨大的财富，足以使我们的余生过得很舒适。

从面对沉重的债务到拥有今天的财富，这一切让人难以置信，但它确确实实地存在着。我的债务一天天地在减少，而我的投资的回报在一天天地增加。除此之外，我们的财务状况也在逐渐好转。谁能相信，在遵循财务计划和放任自流之间，会有如此不同的结果呢?

到明年年底，我们所有的债务都将还清。到时候，我们会把更多的钱拿去投资，同时也会进行几次旅行。

我们决定再也不让我们的生活开支超过收入的 70%。现在您能理解，为什么我们会对那位老人表示衷心的感谢，他的财务计划将我们从我们自己造成的人间地狱里挽救了回来。

他明白这种感觉，因为他有过相同的经历，他希望所有人能从他的痛苦经历中获得教益。因此，他不惜花费大量的时间把这些内容刻在了泥板上。他为后世遭受苦难之人提供了一条有益的信息，这条信息是如此重要，以至于穿越5 000年的岁月，当它在巴比伦的废墟中被人发现时，依旧和当年一样具有强大的生命力。

阿弗雷德·H. 什鲁斯伯里

考古学系

一起思考：如何健康地还债？

许多人渴望短期内还清所有债务，因此每个月还贷比例定得很高，结果生活质量下降，要知道欲速则不达。举个例子，假设你欠了3万元，每月的收入是5 000元，每个月还4 000元，这样每月还贷比（每月还贷额/月收入）是80%，看上去还贷速度加快了，但光靠这点钱很难维持正常生活，最后计划容易泡汤。

那么健康的还贷比是怎么样的呢？

我们来看看骆驼商人的做法：他把每月收入的70%用来维持日常生活，10%用于储蓄，剩下的20%拿去还债。

健康还债法：40%还债法

一般而言，每月还贷比低于40%比较安全，骆驼商人用20%的钱还债，既能保证计划进度，又不会过度牺牲生活质量。

过大的还款压力会使你的注意力受到局限，你很难有资金和时间提升自己。还是上面的例子，如果你每个月还2 000元，留出多余的资金和时间提升自己的专业技能，通过提升自己的技能来提高收入水平，这是比较理想的状态。当然完成计划也需要执行力，关键看你能不能坚持不懈地执行下去。

你有没有发现一个有趣的现象：不管是古巴比

伦人还是现代人，都会面临同样的财务困境，为堆积如山的债务烦恼，提心吊胆地过日子……几千年来的人都是如此，关键就在于，我们如何找到一个相对健康的还贷比，既不打乱还债的节奏，又不会破坏正常的生活节奏。

改变小行动

如果现在的你正好在偿还一笔债务，那么请用“40% 还债法”为自己算一算，每月应该还款多少呢？

第十一章 巴比伦最幸运的人

简七导读

BBC（英国广播公司）拍过一部很了不起的纪录片，叫“56up”（人生七年）。导演选择了14个不同阶层的孩子进行跟踪拍摄，每七年记录一次，从7岁到56岁。49年跟拍14人，结果：富者仍富、穷者仍穷。

这是为什么呢？社会阶层真的很难逾越吗？在这样的传承中，你会掉队还是跃迁？

沙鲁·纳达（Sharru Nada）骄傲地骑着马，走在商队的前面。这位巴比伦商人中的翘楚，他喜欢华美的衣服，因此常身穿锦袍；他也喜欢良种牲口，因此常舒适地骑着一匹精神饱满的阿拉伯种马。人们很难从外表看出他的年龄，也无法看出他内心的忧虑。

自大马士革出发的这一旅程极为漫长，沙漠里充满艰辛，但他全不在意。一些阿拉伯部落试图抢劫他那富庶的商队，他也毫不担心，因为他的护卫人数众多，足以确保商队的安全。

走在他身边的，被他从大马士革带回的一个年轻人，才是他烦恼的根源。这个年轻人叫哈丹·古拉（Hadan Gula），是他曾经的合作伙伴——阿拉德·古拉（Arad Gula）——的孙子。沙鲁·纳达一直觉得欠阿拉德·古拉一个很大的人情，因此他很想帮这个年轻人做点什么。但由于这个年轻人自身的问题，沙鲁·纳达越觉得该帮助他，就发现事情好像越难办。

看着这个年轻人戴的戒指和耳环，沙鲁·纳达自言自语道："他觉得这些珠宝首饰是男人戴的东西，亏得他有如他祖父一般坚定的面孔，但他的祖父从来不穿这些花哨的长袍。既然我已经把他带了出来，我就该帮他重新开始，好让他从他父亲的破产阴影中走出来。"

哈丹·古拉打断了他的沉思："你为什么如此辛苦地工作呢？为什么要跟着你的商队这样长途跋涉？为什么你不把时间用在享受生活上呢？"

沙鲁·纳达笑了，"享受生活？"他重复道，"如果你是沙鲁·纳达的话，你会怎么去享受生活呢？"

"如果我和你一样富有的话，我会让自己生活得像个王子一样，我绝不会去穿越如此炎热的沙漠。我会花掉流入我钱包的每一枚铜币，穿最华丽的衣服，戴最珍贵的珠宝。那才是我喜欢的生活，值得我去享受的生活。”哈达·古拉说完，两个人都笑了起来。

“你的祖父可从来不戴这些珠宝首饰。”沙鲁·纳达脱口而出，随后又开玩笑地问道，“你就不留点时间来工作吗？”

“工作？那是留给奴隶干的事儿。”哈丹·古拉回答说。

沙鲁·纳达抿起嘴唇，没有再说什么。他们默默地骑马前行，一直走到一处斜坡前。在这里，沙鲁·纳达勒住马，指着远处碧绿的溪谷说：“看，就是那条溪谷，顺着它向前，你可以隐约看到巴比伦的城墙。那座高塔就是贝尔神庙。如果你的眼神足够好，你甚至可以看到缭绕在神庙顶端的青烟。”

“那就是巴比伦吗？我一直都想看看这座世界上著名的富庶城市。”哈丹·古拉说，“巴比伦，是我祖父开始创建他的财富的地方。如果他还在世的话，我们就不必处在如此窘迫的境地了。”

“为什么还要让他的灵魂徘徊于这个世界而不得安息呢？你和你的父亲完全可以很好地继承他的事业。”

“我们都没有那份天赋，我的父亲和我都不知道他是如何赚到那么多钱的。”

沙鲁·纳达没有回答，他默默地骑在马上，一边沉思，一边策马走上通向溪谷的道路。整个商队跟在他后面，马蹄扬起了漫天的红尘。过了一会，他们来到了大路上，接着向南经过了一片灌溉过的农田。

3个耕地的老人引起了沙鲁·纳达的注意，他们看起来格外眼熟。多么不可思议啊！一个人怎么可能在同一个地方看到和40年前一模一样的景象？但在内心深处，有某种东西明确地告诉他，这的确是同样的景象。一个人摇摇晃晃地扶着犁，另外两个人在牛的一侧吃力地前进，他们抽打着瘦骨嶙峋的耕牛驱使它前进，但这一切只是徒劳。

40年前，他多么羡慕这些人！他多么乐于和这些人交换自己的生活！但如今，他已经不再羡慕他们了，沙鲁·纳达自豪地回过头，看了一眼自己长长的商队。精挑细选出的骆驼和驴子，载着从大马士革购买到的珍贵货物，今天，这一切的财富都是属于他一个人的。

他指着那些农夫说：“40年了，他们依旧在这同一块田地里劳作。”

“看来如此，”哈丹·古拉回答说，“可是您是如何知道他们过去就在这里的呢？”

“我曾见到过他们。”沙鲁·纳达回答说。回忆飞速地在他的脑海中翻腾。为什么他不能把过去的经历彻底地埋葬呢？这时，他似乎看到，阿尔德·古拉的音容笑貌浮现在他的眼前。他感到，他和这个玩世不恭的年轻人之间的隔阂一下子消失了。

但是，他该如何帮助这个挥霍无度、穿着奢华的年轻人呢？对于乐于工作的人，他可以提供大量的机会，但对于那些认为自己身份优越而不屑于工作的人，他毫无办法。然而，他认为自己应该为阿尔德·古拉做些什么，在他看来这很重要。当年的他和阿尔德·古拉与今天这个年轻人完全不同，他们完全不是一类人。

一个想法在沙鲁·纳达脑海中一闪而过，这个计划存在很多问题，他需要为自己的家庭和地位考虑。那可能会很残酷，并且可能会带来伤害，但作为一个处事果断的人，他很快便把顾虑抛在了一边。

“关于我和你可敬的祖父是如何一起合作并且发家致富这件事，你是否有兴趣听听？”沙鲁·纳达问道。

“为什么不只告诉我你们是如何赚取财富的呢？这才是我最想知道的。”年轻人回答道。

但沙鲁·纳达有意地忽略了年轻人的回答，继续说了下去：“当我第一次见到这些耕地的农夫时，和你现在的年纪差不多。当时我们一群人被拴在一起，我旁边是一个叫麦吉多（Megiddo）的农夫，他嘲笑这些耕地的人马虎草率的耕地方式。‘看这些懒惰的家伙，’麦吉多抱怨说，‘扶犁的人都不用力让犁更深入土地，赶牛的人也不沿着犁沟赶牛。这样耕地怎么能指望长出好的作物呢？’”

“你刚刚说麦吉多和你拴在一起？”哈丹·古拉惊奇地问道。

“是的，我们脖子上套着青铜的枷锁，沉重的锁链把我们拴在一起。拴在麦吉多另一边的是扎巴多（Zabado）——一个偷羊贼。我在哈伦认识了他。最后面的那个人我们都叫他海盗，因为他没有告诉我们他的名字。我们猜想他曾是个水手，因为他胸前有一个巨蛇文身，而那正是水手的做派。锁链把我们拴在一起，所以我们只能 4 个人一起行动。”

“你们像奴隶一样被拴在一起？”哈丹·古拉难以置信地问道。

“你的祖父没有告诉你我曾经是个奴隶？”

“他经常说起你，但从来没有提过这件事。”

“他是一个守口如瓶、值得信赖的人。你也一样，是值得我信赖的人，对吗？”沙鲁·纳达直视着哈丹·古拉的眼睛问。

“你可以相信我，但我还是很吃惊，告诉我，你是怎样变成奴隶的。”

沙鲁·纳达耸了耸肩，说道：“任何人都可能变成一个奴隶，赌博和酗酒给我带来了灾难。我是我哥哥不端行为的牺牲品，他在一次争执中杀死了他的朋友，我父亲把我作为抵押品交给了死者的遗孀，从而使我哥哥免于牢狱之灾。但我的父亲始终没能凑齐我的赎身费，于是，死者的遗孀在愤怒之下把我卖给了奴隶贩子。”

“这太不公平了。”年轻人抗议说，“但是请告诉我，你是如何恢复自由之身的？”

“我们等会儿会讲到，但现在，让我继续我的故事。当我们经过这里的时候，耕地的农夫嘲笑我们。其中一个人摘下他的破帽子，向我们鞠了一躬，大声说：‘国王的客人们，欢迎来到巴比伦。他正在城墙那儿等着你们呢，那里有洋葱汤和泥砖摆下的宴席。’说完，他们爆发出一阵大笑。

“海盗气坏了，恶狠狠地咒骂他们。‘他们说国王在城墙上等我们是什么意思？’我问他。

“‘我们会被押去修建城墙，在那里我们要搬运泥砖，直到背被压断为止。也许，不等背被压断，我们就会被看守打死。但是，我不会让他们打我的，我要先杀了他们。’海盗回答道。

“这时候麦吉多开口了：‘我觉得，主人不太可能会把那些勤劳能干的奴隶打死，主人们通常会喜欢那些勤劳的奴隶，并且会善待他们。’‘谁想那么辛苦的工作？’扎巴多说，‘那些耕地的农民都是些聪明的家伙，他们绝不会让自己的背被压断，他们只是装出一副卖力干活的样子。’

“‘如果你总是逃避的话，你就永远没法进步。’麦吉多反驳说，‘如果你耕了10 000平方米的地，任何一个主人都会认为你干得不错。但如果你只耕了5 000平方米，那说明你退缩了。我从来不会退缩，我喜欢工作，并且喜欢把工作做好。因为就我所知，工作是我最好的朋友。工作将带给我曾拥有过的

所有美好事物，如农场、牛羊，还有庄稼，所有的一切。’

“‘是啊，但这些现在都在哪儿呢？’扎巴多嘲笑说，‘依我看，还是放聪明些，尽可能避免工作。看着吧，如果我们被买去修建城墙的话，我会去搬运水袋或者做些其他轻松的工作，而你们这些喜欢工作的人，就等着让砖块压断你们的脊背吧。’他一边说着，一边傻笑起来。

“那天夜里，恐惧攫取了我的心灵，我无法入眠。当其他人都睡着的时候，我移动到看守我们的警戒线附近，向正在值第一班岗的戈多索（Godoso）打招呼。他是凶残的阿拉伯匪徒的一员，这些匪徒在抢劫之后，往往还会切断受害者的喉管。

“‘告诉我，戈多索，’我小声问他，‘当我们到了巴比伦之后，真的会被卖去修建城墙吗？’

“‘你为什么想知道这个？’他警惕地反问我。

“‘你不明白吗？’我恳求说，‘我还年轻，我想活下去，我不想累死或者被打死在城墙边上。我有没有机会遇见一个好的主人呢？’

“他低声回答说：‘我可以告诉你一些事情，因为一路上你没给我添什么麻烦。大多数时候，我们会先去奴隶市场。听好了，当买主过来的时候，你要告诉他你很会干活，愿意为好主人努力工作，要让他们愿意买下你。否则，第二天你可能会被卖去修城墙，那可是非常辛苦的工作。’

“戈多索说完之后就走开了，我躺在温暖的沙子上，望着天上的星星，思索着关于工作的事情。麦吉多说工作是他最好的朋友，我不知道工作是不是我最好的朋友，但如果工作能帮助我脱离这种苦难处境的话，那么工作一定是我最好的朋友。

“当麦吉多醒来的时候，我低声告诉了他这个好消息。在我们前往巴比伦的路上，这是我们唯一的一线生机。接近傍晚的时候，我们来到了离城墙很近的地方，看到一队队的人，就像黑色的蚂蚁一样，在陡峭的小道中上上下下。当我们再走近一些之后，我们惊奇地发现，成千上万的人在那里工作着。有些人在挖护城河，有些人在制砖，但更多的人在用巨大的篮子搬运砖块，他们通过陡峭的小道，把砖块送到石匠那里。

“监工们咒骂着落后的人，用皮鞭狠狠地抽打那些掉队者的脊背。那些可怜的、衣衫褴褛的家伙们被沉重的砖块压得步履蹒跚，一旦摔倒就很难再站起来。如果鞭打也不能让他们站起来的话，他们就会被拖到小路的一边，任其痛苦地挣扎。不久之后，他们就会被拖到路边的死人堆里，等待着被送往无人关心的乱坟岗。当看到这可怕的一幕时，我全身都在颤抖。如果我在奴隶市场上没有被人买走的话，等待我的就是这可怕的命运。

“戈多索是对的，我们穿过城门，被带进了奴隶监狱，第二天早上则被带往市场售卖。在那里，大多数人都恐惧地缩成一团，只有看守挥动皮鞭才能使他们动起来，以供买主挑选。只有我和麦吉多非常积极地和买主们进行交流。

“奴隶贩子带来了国王的士兵，他们带走了海盗，海盗试图反抗，但得到的只是无情的毒打。当海盗被带走时，我为他感到难过。

“麦吉多感到我们很快就要分开了，趁着买主还没有过来的时候，他急切而又严肃地告诉我，一份有价值的工作对我来说是多么的重要。他说道：‘有些人厌恶工作，把工作看作他们的敌人。但你最好还是把它们当作你的朋友，试着去喜欢它们。虽然这很难，但不要介意。当一个人想到他将建造出多么好的房子时，谁还会在乎建造时那房梁的沉重以及远途取水的艰辛呢？答应我，孩子，当你拥有一个主人之后，尽最大的努力去为他工作。即使他不欣赏你所做的一切，你也不要在乎。要记住，认真工作对一个人是有益的，那将会使他变得更优秀。’当一个外貌粗鲁的农场主走过来打量我们时，麦吉多闭上了嘴。

“麦吉多询问了这个农场主的农场和农作物，这让农场主相信他是一个很有价值的奴隶。经过一阵激烈地讨价还价，农场主从他那长袍下丢出一个鼓鼓的钱袋。就这样，麦吉多跟着他的主人很快消失在我的视野里。

“这天早上，只有很少几个人被卖掉。到中午的时候，戈多索对我说，奴隶贩子有点不耐烦了，他不打算在这里再过一天，而是准备在日落之后把剩下的奴隶都卖给国王。当我开始感到绝望的时候，一个看上去脾气不错的胖子走过来，问我们这群人中有谁会做糕点。

“我走上前对他说：‘像您这样一个优秀的糕点师傅，再找一个水平不高的糕点师傅有什么用呢？把您的技术传授给我这样好学的人不是更好吗？您看，我年轻而又强壮，并且乐于工作。给我一个机会，我会尽最大的努力为您增添财富。’

“他被我的热情打动，开始去和奴隶贩子讨价还价。这个奴隶贩子从买下我至今都没有留意过我，如今却大谈我出色的能力、健壮的身体及良好的品性。我感觉我就像是一头即将被卖给屠夫的肥牛一样。最终，让我喜出望外的是，他们达成了交易，我跟着我的新主人走了，那个时刻，我觉得我是巴比伦最幸运的人。

“我很喜欢我的新家，我的新主人纳纳奈德（Nana-naid），教我如何在庭院的石臼中把大麦磨成粉、如何在烤炉中生火，以及如何为蜂蜜蛋糕磨制精细的芝麻粉。在他的谷仓里有一张属于我的床，上了年纪的奴隶管家——斯娃斯蒂（Swasti），给我提供了很不错的伙食，而且她很高兴我能帮她做很多重活。

“这是个很好的机会，我渴望在我的主人面前展示我的价值，同时我也希望找到某种方法使我重新获得自由。

“我请纳纳奈德教我如何制作以及烘焙面包，见到我如此好学，他很高兴地教了我。后来，当我做得很好之后，我又请求他教我如何制作蜂蜜蛋糕，不久之后，我就会做所有的糕点了。我的主人很高兴从此可以放手不干了，但斯娃斯蒂却不这么认为，她摇着头说：‘没有活干对任何人都不是什么好事。’

“我认为到了考虑如何挣钱赎回我自由的时候了。由于烘焙糕点的工作到中午就结束了，所以我觉得如果我能利用下午的时间找份工作，并且把赚来的钱和纳纳奈德平分的话，他应该不会反对。后来我又想，为什么不多烤一些蜂蜜蛋糕，在城里沿街兜售呢？

“我向纳纳奈德提出这样一个建议：‘如果我每天下午在烘焙完蛋糕后找点零活干，然后把我挣到的钱和您平分，您多一份收入，而我也可以为自己挣点钱，每个人都能得到自己所需要的，您觉得这样是否合适呢？’

“‘合适，非常合适。’他很认可我的建议。当我告诉他兜售蜂蜜蛋糕的计划时，他非常高兴。‘这正是我们要做的。’他提议说，‘每两个蛋糕你可以卖 1 枚铜币，收到的钱给我一半，用作面粉、蜂蜜及烘焙用的燃料的费用。剩下的钱我们两个再平分。’

“对于他的慷慨，我非常高兴，这样一来，我可以把卖蛋糕所得收入的 1/4 保留下来。当天夜里，我工作到很晚，做了一个托盘，可以把糕点放在上面展示。纳纳奈德给了我一件旧的长袍，穿上它会使我看起来体面一些，斯娃斯蒂则帮我把它补好并清洗干净。

“第二天，我额外做了一些蜂蜜蛋糕。我把这些棕色的蛋糕摆在托盘上，走街串巷大声兜售，它们看上去是那样可口。起初，没什么人对这些糕点感兴趣，我有些丧气。但到下午晚些时候，等人们开始感到饿了，我的蛋糕就引起了大家的注意，不一会儿就全部卖光了。

“纳纳奈德对我的成功非常满意，他高兴地把我应得的那份报酬给了我。拥有这些钱让我非常喜悦，麦吉多说过，主人会欣赏那些努力工作的奴隶，他是正确的。这天夜里，我难以抑制兴奋的心情，久久不能入眠。我开始计算我每年可以挣到多少钱，要赎回我的自由又需要多少年。

“由于我每天都会端着托盘在街上兜售糕点，很快就有了几个熟悉的老主顾。其中一个不是别人，正是你的祖父——阿拉德·古拉，他是一个毛毯商人，他把货物卖给那些家庭主妇。他在各个城市之间来回叫卖，一头驴子在他身边，驮着大量的毛毯，后面还跟着一个照料它的奴隶。他总是从我这里买 4 块蛋糕，2 块给自己，2 块给他身边的奴隶。在停下来吃蛋糕的时候，他总是会和我聊天。

“一天，你的祖父对我说了一段令我终生难忘的话：‘年

轻人，我喜欢你的蛋糕，但我更欣赏你兜售蛋糕的进取心，这种精神会使你走向成功。'

“但是你怎么会理解呢，对于一个年轻的奴隶，一个孤苦无依只能凭借自己的奋斗来改变命运的人，这些话语是何等巨大的精神鼓舞啊！

“随着时间的流逝，我钱包里的钱越来越多。腰带上的钱包沉甸甸的，这让我感到很满足。正如麦吉多所说，工作是我最好的朋友。我很高兴，斯娃斯蒂却忧心忡忡。

“'我担心你的主人在赌场里花的时间太多了。'她抱怨说。

“有一天，我在街上遇见了麦吉多，这让我喜出望外。他正牵着3头驮满蔬菜的驴子去市场。'我干得相当不错，'他说，'我的主人很欣赏我，现在我已经是工头了。他很信任我，委派我来市场上做生意。他还把我的家人接来了。工作让我渡过了最大的难关，有一天，它会帮我重获自由，并且帮我再次拥有属于我自己的农场。'

“后来，纳纳奈德开始越来越急着等我卖蛋糕回来。每次我刚回来，他就迫不及待地把属于他的那份钱拿走，而且还催我寻找更大的市场以提高销售额。

“我经常去城门外，向那些监督奴隶修建城墙的监工们兜售糕点。我极不情愿到那里去，因为我不想看到那凄惨的景象，但那些监工们的确是大方的买主。一天，我惊奇地看到了扎巴多，他正在那里排队等待着给他的篮子里装砖块。他的背弯曲着，显得非常憔悴，背上布满了被监工抽打而留下的鞭痕。我为他感到难过，当我递给他一块蛋糕的时候，他如同饥饿的野兽一般，狼吞虎咽地把蛋糕吃了下去。看着他那贪婪的眼神，我在他抓住我的托盘之前就赶紧跑开了。

“‘你为什么要这么努力地工作呢？’有一天，阿拉德·古拉这样问我。记得吗？今天你也问过我几乎同样的问题。我告诉了他麦吉多所说的关于工作的一切，而且事实证明，工作的确是我最好的朋友。我自豪地给他看了我的钱包，告诉他我是如何攒下这些钱并期望有朝一日可以重获自由。

“‘等到你自由之后，你打算做什么呢？’他问。

“‘到那时，’我回答说，‘我希望能够成为一个商人。’

“就是在那时，他向我吐露了一个我从未想过的秘密：‘知道吗，我也是一个奴隶，但现在我还是我主人的生意合伙人。’”

“住口！”哈丹·古拉大声说，“不许用这样的谎言来诋毁我的祖父，他绝不是一个奴隶！”他的眼睛里充满了愤怒。

沙鲁·纳达平静地回答说：“我非常尊敬他能够战胜不幸的命运，并成为大马士革最出类拔萃的人。至于你，作为他的孙子，是否有和他相同的品质呢？你是会像个真正的男子汉那样面对事情的真相，还是会生活在虚假的幻象之中呢？”

哈丹·古拉笔直地坐在马鞍上，从他的声音可以听出他在极力压抑着内心的情感：“我的祖父被所有的人爱戴，做过不计其数的善事，当饥荒来临时，难道不是他从埃及买回粮食，然后派他的商队运到大马士革并且分发给灾民，从而使很多人免于死亡吗？如今你却说他只是巴比伦一个受人鄙视的奴隶。”

“如果他一直在巴比伦做奴隶的话，那么他的确会受人鄙视。但当他通过自己的努力，成为大马士革的精英后，神明们就祛除他身上的不幸，并且带着对他的敬意，给予他恩典。”沙鲁·纳达回答说。

沙鲁·纳达接着说下去：

“在他告诉我他是奴隶之后，他又告诉我他曾经是多么急于恢复自由之身，但如今有了足够的钱去赎回自由时又困扰起来，不知道该怎样去做。因为他最近的生意做得不好，而且离开主人的庇护也让他感到恐慌。

“我反对他的优柔寡断：‘你不能一直依赖你的主人，再次找回做自由人的感觉吧，像一个自由人那样去行动，并且争取成功！确定你想成就的事业，然后工作会帮助你实现它。’他离开我的时候很高兴，他说，我让他意识到了自己的懦弱并让他为之羞愧。

“一天，我来到城门外，惊奇地发现有一大群人围在那里。我向一个人询问发生了什么，他回答说：‘你没有听说吗？一个逃跑的奴隶谋杀了国王的卫兵。他被判处鞭打至死，就在今天执行。就连国王本人都来了。’

“人群把鞭刑柱围得密不透风，我不敢靠得太近，我担心我的蛋糕会被挤掉。因此，我爬上一段尚未修好的城墙，越过人群的头顶望去，我幸运地看见了尼布甲尼撒二世坐在他那金色马车中。我从未见过如此宏大的场面，如此多金饰和华服。

“我看不到实施鞭刑的场面，但我能听到那可怜的奴隶的呻吟声，我想知道我们伟大的国王怎么能看得下去如此残忍的景象，但我看见他居然在笑着和他的近臣们打趣。我开始意识到，国王非常冷酷无情，这也就解释了为什么他会毫无人道地驱使奴隶们修建城墙。

“当被处以鞭刑的奴隶死后，他的尸体被用绳子倒吊起来挂在柱子上，以便让所有人看到。当围观的人群开始散去时，我靠近了一点。在那毛茸茸的胸脯上，我看到了盘绕着两条蛇的刺青，这具尸体是海盗的。当我再次见到阿尔德·古拉的时候，他好像变了一个人。他热情地和我打着招呼：‘看吧，你认识的奴隶现在是一个自由人了，你的话如同有魔力一般，如今我的销售额和收入都提高了。我的妻子非常可爱，她是一个自由人，是我主人的侄女，她衷心希望我们搬到一个陌生的城市，在那里，没有人知道我曾是奴隶，我们的子女也不会因我从前的不幸而感到耻辱。工作，已经成为我最得力的助手，它使我重获做生意的信心和技巧。’

“我也非常高兴，因为我终于以某种微不足道的方式回报了他曾经给予我的鼓励。

“一天晚上，斯娃斯蒂很难过地来找我，说道：‘你的主人现在有麻烦了，我很为他担心，几个月来，他在赌场上了输掉了大量的金钱，他已经没钱从农夫手里购买面粉和蜂蜜了。而且他也无力还债，现在他的债主们都在愤怒地威胁他。’

“‘为什么我们要为他做的傻事担心呢，我们又不是他的保姆。’我无所谓地回答。

“‘傻孩子，你不懂。他向借贷商人借钱时是把你作为抵押品的，这样一来，根据法律，借贷商人有权利把你卖掉。我不知道该怎么办，他是个好主人，但为什么会陷入这样的困境呢？’

“斯娃斯蒂的担忧不是没有根据的，第二天早上，当我在烘焙蛋糕的时候，借贷商人带着一个叫萨西（Sasi）的人来了，这个人打量了我一番，然后从借贷商人手里买下了我。

“借贷商人不等我的主人回来，只是让斯娃斯蒂转告他一声，然后就把我带走了。我只来得及披上一件袍子，把钱包紧紧系在腰间，就从做了一半的蛋糕边被带走了。

“我对未来的美好希望就这样破灭了，如同一棵树被狂风从森林中卷走，抛入了波浪滔天的汪洋。赌场和酒精，再一次给我带来了灾难。

“萨西是一个粗鲁的男人，当他带着我穿过城市的时候，我对他说了我为纳纳奈德所做的工作，并且表示我也希望能这样为他工作，但他的回答让我灰心丧气。

“‘我不喜欢你这个工作，我的主人也不会喜欢。国王让他负责修建大水渠，主人让我买尽可能多的奴隶，然后让他们拼命工作，从而尽可能快地完成它。呸，就这么点人怎么可能很快完成这样大的工程呢？’

“想象一下这个场景吧，浩瀚的沙漠里一棵树都没有，只有矮小的灌木丛，酷热的太阳炙烤着我们桶里的水，以至于那水滚烫地无法入口。从早到晚，一排排的人走下巨大的深坑，把挖出来的泥土一筐筐地运出来。我们的饭被放在一个开放的石槽里，我们像猪一样进食。我们没有帐篷，没有稻草铺成的床。在这种处境下，我把我的钱包埋了起来，上面做了记号，但我不知道我是否还有机会再把它挖出来。

“起初，我工作热情很高，但几个月过去了，我感到我的精神崩溃了。这时，热病袭击了我瘦弱的身体，我一点胃口都没有，每天只能吃很少的羊肉和蔬菜。夜里，我辗转反侧，无法入睡。

“在那段悲惨的日子里，我有时在想，扎巴多让自己逃脱繁重工作的想法会不会是对的呢，但这时，我就会想起我最后一次见到他的情景，那让我意识到，他的想法是错误的。

“我又想到海盗及他的抱怨，我想是否应该像他一样奋起抗争，杀死看守者然后逃跑。但他那血淋淋的尸体提醒我，这条路也走不通。

“这时我想起了上一次见到麦吉多的情景，他的手因为辛勤工作长满了老茧，但他的心情是愉快的，脸上洋溢着幸福的微笑，他选择的道路才是最正确的。

“然而，我和麦吉多一样努力地工作，他不可能比我更努力，为什么我的辛勤劳动没有为我带来幸福和成功呢？难道说工作只会给麦吉多一个人带来幸福吗？还是说幸福和成功只能希冀于神明的恩赐？难道我的余生都要在这种失败、痛苦、无望的工作中度过吗？这些问题不停地在我脑海中翻腾，但我始终没能得出一个答案。的确，我当时陷入了极度的迷茫中。又过了几天，我觉得我的忍耐力已经到了极限，而我依旧没有得出一个答案。这时候，萨西派人把我叫去，我的主人派了一名信使来带我回巴比伦。我把我珍贵的钱包取出来带在身上，穿上破旧的长袍上路了。

“当我们在路上的时候，各种各样的想法如同暴风一般在我脑海中盘旋，使原本就得了热病的我更加昏昏沉沉。我的生活就如同我故乡哈伦所流传的一首歌谣：‘命如飞蓬散，所落

由风愿，命途多艰险，前程安得见。’

“难道我命中注定还要承受不为所知的苦难吗？还有怎样的不幸和绝望在等待着我呢？

“当我来到我主人的庭院时，出乎我意料的是，我看见阿拉德·古拉在等着我，他扶我下马，并且热烈地拥抱我，如同我是他失散多年的兄弟一般。

“当我们一起离开的时候，我跟在他的后面，就如同一个奴隶跟在他主人后面那样，但他不允许我这样做。他把手搭在我的肩上，对我说：‘我四处都找不到你，在我几乎要放弃希望的时候，我遇到了斯娃斯蒂，她告诉了我你被借贷商人带走了，借贷商人又指引我找到了你的贵族主人，我经过一番艰苦的讨价还价，最终花了一大笔钱把你赎了出来。不过你值得我这样做。当初，是你的智慧和进取心给了我重获成功的动力。’

“‘那是麦吉多的智慧，不是我的。’我纠正说。

“‘麦吉多和你都值得我感谢。我们现在去大马士革，我需要你来做我的合伙人。看，’他说，‘你马上就是一个自由人了。’说着，他从他那精美的长袍下取出刻有我名字的泥板，双手举过头顶，用力地把它摔了下去，泥板在坚硬的石头上摔成了碎片。他喜悦地在碎片上跺了几脚，直到那些碎片变成了尘土。

“喜悦的泪水溢出了我的眼眶，那一刻，我确信我是巴比伦最幸运的人。

“你看，就这样，工作，在我最为悲惨的时候，成了我最好的朋友。我工作的热忱使我从修建城墙的奴隶这一命运中逃离，而且还感动了你的祖父，使他选择我作为他的合伙人。”

听到这里，哈丹·古拉不由地问道：“难道工作就是我祖父获得财富的秘诀吗？”

“从我认识他开始，这就是他唯一的秘诀。”沙鲁·纳达回答说，“你的祖父热爱工作，神欣赏他的努力，故而慷慨地给予他奖赏。”

“我明白了，”哈丹·古拉若有所思地说，“工作使他吸引了很多朋友，这些朋友钦佩他的事业与成功。工作还使得他在大马士革广受尊敬。工作为他带来了我所见证过的一切，我却认为工作适合奴隶去做。”

“生活中有数不尽的美好事物等着人去享受，”沙鲁·纳达说，“每一类美好的事情都有某类人去享受，我很高兴工作这件事不是专属于奴隶的，否则的话我将会被剥夺掉极大的乐趣。我有很多乐趣，但哪一件都不能与工作相比。”

在巴比伦城墙的阴影下，沙鲁·纳达和哈丹·古拉向着那厚重的青铜城门方向并辔而行。当他们接近城门的时候，守卫跳起身来，向这位尊贵的人物致敬，而沙鲁·纳达则自豪地昂着头，带领着他长长的商队穿过城门，来到了城市的大街上。

“我一直想成为我祖父那样的人，”哈丹·古拉坦诚道，“此前我没有意识到他是怎样的人，而今天，您告诉了我，现在我知道了，我比此前更加钦佩他，并且下定决心要成为他那样的人。今天，您告诉了我他成功的秘诀，我怕我永远都无法偿还您如此巨大的恩惠。从今天开始，我将善用他这一秘诀，我将像他一样从平凡处做起，不再沉迷于华丽的穿着。”

说着，哈丹·古拉从耳朵上取下了耳环，又摘掉了手上的戒指。接着他勒住马，怀着极大的敬意，跟在了商队首领的马后。

一起思考：财富应该如何传承下去？

任何财富的积累总是从辛勤工作开始，躺在祖辈的功劳簿上睡大觉的人，无法长久维持家族的财富。

那么，财富的传承应该怎样进行呢？

1. 方法的传承

大到一个家族企业的经营，小到日常财务的打点，这些积累和沉淀下来的方法都是财富能够延续下去很重要的方面。

2. 习惯的传承

我们对待钱的态度与日常真正践行的做法，是对身边人最有力的感染，所以在理念上有所坚持，在实际行动上也要有所体现，知行合一，良好的习惯传承永远是最有效的。

3. 钱的教育和价值观的传承（和孩子、和家人谈钱）

中国人经常羞于谈钱。但在财富的继承中，你对钱的价值观就是需要通过与家人、与孩子分享、交流才能得以传递的。学校没有关于钱的教育，就不要让家庭再缺少这样的教育吧。

改变小行动

1. 抽 1 小时左右的时间，观看纪录片“56UP”（人生七年），思考：在我们的国家和我们现在这样的保障体系下，如果我们在年轻的时候也都知道了未来的我们是什么样的人、过着什么样的生活，我们是更充满信心还是会觉得沮丧？
2. 思考：你从原生家庭得到的最宝贵的财富是什么？你想传承给下一代的是什么？

专题二　投资产品图谱

在专题一中，我们借助财富水池模型梳理了自己的财务结构，了解了应该在现金池、目标基金池、养鹅基金池中分别存放短期、中期、长期资金，用于满足生活消费、既定目标和长期增值等不同场景的需求。

但是通货膨胀的存在会在无形中蒸发掉我们的财富，因此我们需要通过理财或投资提高资产的增值速度。和巴比伦时代的借贷和经商相比，现在市面上五花八门的投资产品无疑给我们提供了更多的选择。

在专题二中，我们将盘点一下市面上常见的投资产品，指导大家构建自己的产品图谱，并选择合适产品匹配我们的财富水池。

现在大家能接触到的投资产品有很多，但是每次看到新产品，很多人第一个问题总是：这个收益高吗？我可以投吗？

可简七想告诉你的是，投资这件事，就像我们要减肥健身一样，怎么开始，怎么搭配饮食，怎么安排锻炼，都需要一个整体的规划和考虑。每个人的减重需求不同，规划就不同。

所以在投资中做决定的，只有你自己。因为只有你自己才最了解自己的投资需求，从而选择不同的产品。

在上一个专题中，简七带你通过一个财富水池，划分了你对钱的不同用途和需求，我们如何为这些需求匹配产品呢？那么下一步，简七就带着你一起盘点一下我们可以选择的投资产品。

投资 4 原色

根据投资的去向不同，我们可以大致把常见的投资产品分成四大类：现金类投资、债权类投资、权益类投资、商品类投资，简七叫它们“投资 4 原色”。

现金类投资大家都比较熟悉，像余额宝这样的货币基金等活期产品，就属于现金类投资。

不过其他 3 类就相对复杂一些了，它们都是什么呢?

简七给你举个例子。

我们大多数人都知道万科，这是一家主要经营房地产的上市公司。如果你想跟着万科一起赚钱，你可以通过这样几个途径:

1. 买 5 万元某款 6 个月年化收益 4.5% 的银行理财产品，赚取固定收益。而这个银行理财产品背后，其实是万科旗下某子公司希望能够借款来开发新楼盘的，你的收益就来自这笔借款的利息。

2. 以 20 元 / 股的价格买入万科的股票 1 万股，期待股价上涨，还有股票分红。

3. 买一套 200 万元的万科建造的房子，希望涨价后卖出获利。

同样都是投资，你可以完全从 3 种不同的角度来赚钱，3 种不同角度对应的投资方向是不同的，分别是债权、权益和商品，也就是“投资 4 原色”中，除现金类之外的其他 3 原色。

简七帮你把这“投资 4 原色”总结成了下面这个表格。

投资4原色	投资产品类型	收益	风险	流动性	费用	参与门槛	学习难度
现金类	现金及等价物：短期存款、货币基金、国库券等	低	低	高	小	低	低
债权类	政府债券、各类公司机构债券、债券型基金、P2P等（银行理财）	中—高	中—高	中	中	低	中
权益类	股票、股票型基金	高	高	中—低	中	低	高
商品类	房产、黄金、石油等	高	高	低	高	高	高

货币基金和活期类产品，风险不高，流动性又好，适合我们用来维护3个水池里财富的健康循环。

债权类产品是我们的投资组合中必备的部分。除了P2P（互联网金融点对点借贷）属于债权类产品，债券型基金或者债券也属于债权类产品。

权益类产品中最适合普通人投资的主要是股票和股票型基金。这一类投资品一般风险较高，但是从长期历史数据来看，它是少数能够跑赢通货膨胀、为我们带来资产增值的选择，后面我们也会讲到，我们投资的时候，一定要注意在我们的投资组合中配置一定量的权益类产品。

商品类产品中，普通投资者参与比较多的是贵金属，比如黄金白银，或者通过基金去投资的石油等。纯从投资组合角度而言，这部分的投资配置因人而异，并不是必须的。

直接分析具体产品不就好了，为什么我们要认识这些最本质的投资产品呢？

这 4 类基础投资产品，就像我们画画时会用到的 3 原色，掌握了 3 原色，我们就能调配出所有美丽的颜色，而认识了这 4 类投资产品，就像掌握了投资 4 原色，我们可以调配出适合自己的投资方法。

用投资 4 原色调配你的投资策略

认识了最基本的投资类别，我们就可以用这 4 原色来调配适合自己的投资策略了。

现金类

比如现金类，主要用途就是让我们在想用钱时就用钱，而且不会浪费一点收益，这个需求与我们对专题一中现金池的要求很类似，你就按照这样的思路，根据自己的情况找到现金类产品的管理方法。

债权类

债权就是我们所说的欠债还钱，投资之前我们互相约定好什么时间还钱、还多少，对时间和金额都是提前就比较有把握的，所以这一类投资更适合对未来实现时点特别明确的目标进行投资。

简七给你举个例子，曾经有一位简七理财的用户告诉我们，他希望两年后有 267 万元存款用作买房的首付，他每月可以存下 1 万元，经过计算我们发现，他只要找到一个年化收益 8.3% 左右的固定收益类的产品，就可以稳稳地实现这个目标。

各类债券、P2P、有固定收益的银行定期理财等产品都属于债权类投资。但有一点需要特别注意，那就是借款方能否还钱。

所以在选择债权类投资产品时，除了关注产品的收益与期限外，还需要特别关注这 3 个方面：

1. 借款方的还款能力；

2. 产品发行方、交易平台的风控能力；

3. 是否有其他担保、保证金等还款保障。

权益类

权益类投资中，我们最熟悉的就是股票了。从长远来讲，我们要实现财富的稳健增长，就无法绕开股权投资，所以我们需要寻找合适的股权投资方式，来配合我们的养鹅账户不断成长。

商品类

对于商品类投资来说，每一类商品，其实都有自己特定的投资逻辑。比如：

黄金除了有投资属性，还可以成为首饰；

房子除了有投资属性，还是我们的居住场所

……

所以，商品类的投资和经济周期、社会需求息息相关，每一种的投资逻辑都大不相同，也非常专业。我们可以把这一类投资产品放在专题一中提到的养鹅基金池中，但研究难度会比较高。

配合“投资 4 原色”，找到适合你的投资方式

那我们根据这些基本的投资策略，如何运用到自身，找到最适合自己的投资方式呢？

简七想分享给你一个 3 步法，用 3 个步骤，结合“投资 4 原色”，找到适合自己的投资方式。

第一步：明确你的风险偏好与投资需求

在我们的人生轨迹中，不同的时点，我们有不同的需求，相应地，我们追求的收益率和能够承担的风险也不同，对应的投资计划自然也有所差别。

★想要了解你的风险偏好，欢迎关注“简七读财”微信公众号，后台回复“古巴比伦”，领取风险测试。

这里简七也为你总结了一张表，详细列出了一般情况下，我们在不同人生阶段的不同财务需求。

人生阶段	结婚后二人世界	孩子出生后	子女完成教育	退休后
家庭状况	家庭 / 事业形成期	家庭 / 事业形成期	稳定期	养老享乐期
经济表现	收入增长但财力不强，家庭负担增加	收入快速增长，但花销很大	经济状况可能达到顶峰	财产安全、财富传承
目标	储蓄，控制花销	投资、合理支出	积累财富、适度娱乐	合理支出
花销大项	购房、购车	换房、子女教育、医疗保健	养老、医疗、保健、休闲、娱乐	养老、医疗保健、财富传承
风险偏好	较强	中度	中度—弱	弱

你可以先对照看看，自己现在正处在哪个阶段，结合你测得的风险偏好，综合确定你的投资目标。

第二步：初步分配投资类别

投资中有一条雷打不动的原则，叫作“不把鸡蛋放在同一个篮子里”，也就是分散投资。具体来说，就是我们要对“投资4原色”进行合理的分配。

怎么来分呢?

简七告诉你一个非常简单的分配法则——年龄法则。即:

高风险投资产品的比例 <100 – 当前年龄

对普通人来说，这里的高风险投资产品就是一些权益类产品，比如股票或股票型基金，而剩下的就可以配置债权类产品和现金类产品。

举个例子来说，假设你今年30岁，那么你的债权类和权益类投资的比例就可以参考3 : 7。随着年龄增长，债权类产品比例逐渐增加，权益类产品逐渐减少；当我们进入退休的阶段，这个时候权益类的占比可能非常低，甚至完全不再投向权益类产品。

当然，年龄法则只是一个比较粗糙的分配方法，具体还是要根据自己的投资目标与风险偏好进行调整。

第三步：选择具体投资产品

接下来，我们就可以在前两步的基础上，选择具体的投资产品，这一步中，综合考虑自己的需求，对投资分配进行个性细化是比较重要的。

简七来给你做个示范。

假设小P今年32岁，老公是外企白领，两人有一个3岁的宝宝，是一个幸福的三口之家。夫妻俩都很舍得为孩子花钱，并且早早就开始准备孩子未来的教育金。

小P家目前有70万元的可投资资产，根据年龄法则，小P可以投向高风险投资的比例大概为70%。但是因为有孩子，小P希望自家的配置可以稳妥一点，于是将70%都投向了现金类产品和债权类产品，20%投向了股票型基金，当作孩子教育金的补充，10%做了股票型基金的定投，为自己和老公的养老做准备，虽然并不多，但是夫妻二人都觉得还是要以孩子的需求为主。

咱们用一个表格来更清晰地对比一下，左边是按照年龄法则计算得出的结果，右边是小P考虑到以满足孩子需求为主和整体追求稳妥而调整过的结果。

	年龄法则的计算结果	小 P 根据自家情况调整过的结果	小 P 选择的投资产品
现金类	10%	10%	货币基金、互联网活期理财
债权类	20%	60%	债券型基金、银行理财
权益类	70%	30%	股票型基金（指数型）

这就是选择具体投资产品的流程，一方面根据年龄法则参考投资比例，一方面也要基于自己的情况做调整，最后锁定具体投资品。

以上就是我们常见的投资品及配置方法。

改变小行动

仿照文中提到的“3 步法”，同“投资 4 原色”为自己调配合适的配置方案。